JN111028

ふまねっと運動のすすめ

認知機能を改善する高齢化地域の健康づくり

認定ＮＰＯ法人ふまねっと理事長
北澤一利

寿郎社

ふまねっと運動のすすめ——認知機能を改善する高齢化地域の健康づくり　目次

第三章　高齢者を指導者として養成する方法　74

第四章　市町村を支えるふまねっと運動の実績　113

第五章　住民主体の健康づくりで市町村が果たすべき役割　164

ふまねっと運動のすすめ

——認知機能を改善する高齢化地域の健康づくり

はじめに

日本全国で高齢化と過疎化が進行しています。北海道内で最も高齢化が進んでいるのは、二〇二〇年（令和二年）一月の時点で高齢化率が五一・八パーセントに達している夕張（ゆうばり）市です。夕張市では二〇一五年（平成二七年）に九四〇九人だった人口が二〇二〇年には七七一六人になりました。五年間で一八・〇パーセント減少したことになります。

高齢化と過疎化は、夕張市だけの現象ではありません。北海道内で高齢化率が四〇パーセントを越えている市町村は、全一七九のうちの六七市町村あります（三七・四パーセント）。また、この高齢化率が高い上位一五市町村は、二〇一五年から二〇二〇年までの五年間で人口が平均で約一四・三パーセント減少しています【表1】。

このペースでいくと一〇年後の二〇三〇年には、これらの市町村では人口が現在よりさらに二五〜三〇パーセント減少することになります。これは人口四〇〇〇人の市町村が人口三〇〇〇人以下になることを意味しています。そうなったらこれらの市町村はいったいどうなってしまうのでしょうか。想像を超えた危機的な状況が猛スピードで進行しています。

こうした状況にあるのは北海道だけではありません。同じ状況が全国の市町村で進行してい

【表1】 北海道内の高齢化率が高い上位15市町村の人口と高齢化率の5年間の変化

	2015年			2020年			2015-2020年	
市町村名	人口	高齢者数	高齢化率	人口	高齢者数	高齢化率	減少数	減少率
夕張市	9,409	4,490	47.7	7,716	3,996	51.8	1,693	18.0
歌志内市	3,823	1,715	44.9	3,124	1,611	51.6	699	18.3
上砂川町	3,489	1,510	43.3	2,862	1,463	51.1	627	18.0
松前町	8,227	3,538	43.0	6,951	3,459	49.8	1,276	15.5
木古内町	4,660	2,011	43.2	4,043	1,972	48.8	617	13.2
福島町	4,634	1,896	40.9	3,931	1,897	48.3	703	15.2
積丹町	2,332	1,017	43.6	1,978	947	47.9	354	15.2
妹背牛町	3,240	1,349	41.6	2,859	1,353	47.3	381	11.8
赤平市	11,332	4,833	42.6	9,835	4,646	47.2	1,497	13.2
三笠市	9,505	4,267	44.9	8,286	3,874	46.8	1,219	12.8
芦別市	15,362	6,475	42.1	13,168	6,142	46.6	2,194	14.3
愛別町	3,076	1,277	41.5	2,684	1,246	46.4	392	12.7
せたな町	8,819	3,583	40.6	7,712	3,541	45.9	1,107	12.6
白老町	18,288	7,084	38.7	16,421	7,462	45.4	1,867	10.2
上川町	3,978	1,598	40.2	3,429	1,557	45.4	549	13.8
平 均			42.6			48.0		14.3

[北海道庁ウェブサイトから。2020年1月時点の人口より]

ます。これでは国民の不安は増すばかりです。特に若い人たちは、希望を持つことが難しく、本当に苦しい状況です。なんとかしなければなりません。

そこで本書の出番です。この本の目的は、高齢化が進む全国の市町村に向けてお金をかけずにすぐにできる効果的な対策である「ふまねっと運動」を紹介することです。

「ふまねっと運動」とは、大きなマス目の「あみ」を床に敷いて、その「あみ」の上を歩く運動です。「あみ」は、床に敷けば危険な障害物となります。そのため、「あみ」に足をひっかけないように「注意」して歩かなければなりません。

この時、「あみ」を「踏まないように」歩くところから、「ふまねっと」という名前がつけられました。

ふまねっと運動は、歩行を改善したり、認知機能を改善する効果があることに加えて、交流を促進したり仲間づくりができる運動でもあります。

このふまねっと運動には、ユニークな特徴が三つあります。

一つ目は、「筋力」を高める運動ではないことです。ゆっくり、慎重に、丁寧に歩くことで、「注意力」を改善することを目的とした運動がふまねっと運動なのです。歩行中のバランスや認知機能を改善する効果があります。

二つ目は、障がいを持つ人でも参加できることです。例えば、杖や歩行器や車椅子が必要な高齢者、知的障がい者、精神障がい者、目や耳が不自由な障がい者、自閉症などの発達障がい者が、ふまねっと運動に「プレイヤー」として楽しく参加することができます。

そして三つ目は、高齢者が、ふまねっと運動の「指導者」になれることです。高齢者は、ふまねっと運動の指導者として、健康づくりで社会貢献をすることができます。これが本書がふまねっと運動をすすめる一番大きなポイントとなります。

高齢者が、他の人の力にたよるのではなく、自分の力で、健康づくりやまちづくりの「主戦力」になる――。

これまでの日本は、高齢者に対する「ケア」や「支援」を最優先にしてきました。「国」や「地域」、す。

「家族」、あるいは医療福祉制度や経済や社会全体が、高齢者のために働いてきたように見えます。

しかし、ふまねっと運動が考えることは違います。ふまねっと運動は、「高齢者や障がい者が、いかに社会に貢献するか」に焦点を当てています。健常者や若者といっしょに、高齢者や障がい者が「国」や「地域」、「家族」を支えていく、主戦力になるにはどうしたらいいかを考えるのです。

なぜなら、高齢者や障がい者がそれを望むからです。彼らにも社会貢献する権利、尊敬される権利、名誉を得る権利があります。そしてその「能力」があるからです。

ふまねっと運動は、高齢者に「指導者」として、地域の健康づくり活動に取り組む「役割」を提供します。それは、高齢者の自立に加え、地域住民の健康や仲間づくり、コミュニティーづくりにつながります。

そこで本書では、高齢化・過疎化といわれる市町村において、高齢者がどのように活躍していくことができるのか、新しい時代の健康づくりを読者といっしょに考えてみたいと思います。

本書が想定する対象読者とコンセプト

●対象　行政機関職員、医療・保健・福祉関係機関職員。

●目的　新しい運動プログラムの理論・方法・導入のしかた・効果・実績の紹介。

●特徴　北海道で誕生。全国四七都道府県に広がっている。高齢者が指導者になれる。

●意義　社会が高齢者を支える価値観から高齢者が社会を支える価値観への転換。

●新しさ　住民主体の健康づくりを高齢者も主戦力となって担う。

第一章 ふまねっと運動の概要

◆従来の運動とふまねっと運動の比較

「運動」という語で人々に親しまれてきたものには、ウォーキングやジョギングなどの「有酸素運動」と、スクワットやダンベルを使う「筋力トレーニング」の二つがあります。この二つの「運動」は、多くの書籍で紹介されている身近な運動です。

ウォーキング・ジョギング・水泳・エアロビクスは「有酸素運動」の代表です。「有酸素運動」には、心臓や血管などの循環系機能や肺などの呼吸系機能、そして、腎臓などの一部の消化器系機能を高める効果があるといわれています。高血圧や糖尿病などの生活習慣病を防ぐためにも有望で、その研究成果は豊富です。有酸素運動は、日常的に規則的・継続的に取り組むのがよいとされています。

もう一つの「筋力トレーニング」は、スクワットや腹筋・腕立て伏せ、あるいはダンベルなどのおもりを使った運動のことです。この運動には、下半身や上半身の骨格筋の筋力向上の効果があります。これによって、不活発な生活による筋力低下を防ぎ、体力の向上や日常生活の活動量や生産性の向上につながり、高齢者の場合は転倒などの予防に効果が期待されています。

フィットネスクラブでは、これらの二つの運動を組み合わせたプログラムが提供され、楽しく、さわやかに、清潔に参加できるようになっています。

本書が紹介する「ふまねっと運動」は、これらの二つの運動とは目的や性格が異なります。ふまねっと運動は、筋力や有酸素能力の向上をめざすのではなく、「注意」や「集中」「記憶」とよばれる「認知機能」を改善するのが目的です。身体的な能力というよりも、知的・精神的能力を運動で改善することを目的としています。

では、それはどんな運動なのか？

ふまねっと運動は、床に大きなマス目の「あみ」を敷いて、この「あみ」を踏まないように歩く運動です。あみの上を歩く時には、

①あみを踏まないように「注意」を働かせて足を正確に動かすこと、

②あみの上を歩いている途中でこの「注意」をゆるめないように高く維持（＝「集中」）すること、

③正しい動きを「再現」できるよう覚える（＝「記憶」）こと、などの認知機能が必要となります。
つまり、ふまねっと運動は、この「注意」「集中」「記憶」という認知機能を高く要求する運動なのです。

このふまねっと運動は、「二重課題運動」とよばれる運動の一つです。「二重課題運動」とは、歩くという「課題」に加え、注意や集中などの認知機能が必要となる複数の「課題」を同時に行う運動です。

そしてふまねっと運動は、ゆっくりした動きの運動です。一回あたりの運動量もあまり多くありません。一時間程度の運動時間で、あみの上を二〇〇歩から三〇〇歩程度あるくのがすべてです。

負荷が軽いので、毎日行っても、身体に与える負担が重くなる心配はありません。そのため、複数の参加者が集まって、毎日利用できる場所が用意できれば、皆さんで揃って何度でもふまねっと運動に参加することができ、注意・集中・記憶といった認知機能の改善効果を高めることができます。認知症の予防や歩行機能の改善にも役立ちます。

以上の三つの運動の目的と効果を整理したのが【表2】です。それぞれ効果とそれが現れる場所が異なることがわかります。

どの運動も、大切な目的を持っています。そのため、できるだけ三つの運動にバランスよく取り組むことが望ましいといえるでしょう。

【表2】 有酸素運動、筋力トレーニング、二重課題運動の比較

名前と最適頻度	運動名	目標と基準	期待される効果と場所
有酸素運動 (週3回〜毎日)	ウォーキング、 ジョギング他	酸素消費量増加、 心拍数120/分	循環や呼吸機能の改善、 心臓、血管、血液、肺
筋力トレーニング (毎週1〜2回)	おもりを使った体操、 スクワット他	負荷を上げて 筋肉収縮反復	筋力向上、転倒予防、 骨格筋、骨
二重課題運動 (毎週1回〜毎日)	ふまねっと運動	あみを踏まない、 ゆっくり動く	注意、集中、記憶の改善、 歩行バランス、中枢神経

人のからだを大きく二つの場所に区別すると、一つは「脳」や「脊髄」などの「中枢組織」、もう一つは「筋肉」や「骨」、「心臓」や「血管」などの「末梢組織」に区別することができます。

「有酸素運動」や「筋力トレーニング」は「末梢組織」をきたえる運動です。これに対して、「二重課題運動」であるふまねっと運動は、「中枢組織」の働きを改善する運動です。

どちらの場所も、身体の中で重要な役割を果たしています。そのため、三種類の運動は、どれもバランスよく行うことが重要になります。

二〇一三年(平成二五年)に厚生労働省が定めた年齢別の「身体活動基準」によれば、六五歳以上の高齢者が毎日四〇分程度の「身体活動」を行うことは、毎日一〇分程度の運動を行う人と比べて、生活習慣病・糖尿病・高血圧・関節痛・がん・認知症などの発生リスクを二一パーセント低下させることになります。この場合の「身体活動」とは、一定時間続けることができる軽快な運動のことです。

上にあげた三つの運動は、いずれもこの「身体活動」の条件を満たすと考えられます。日常生活の中で、上手に無理なく取り入れることが望ましいでしょう。

◆ふまねっと運動の概要

ふまねっと運動は、約五〇センチメートル四方のマス目でできた「あみ」を使用します。「あみ」は、床に敷くと危険な障害物になります。なぜなら、もしこの「あみ」に気がつかずに上を歩くようなことがあれば、足があみにひっかかってころんでしまうからです。

そのため、「あみ」の上を歩く時は、だれでも「あみ」をひっかけないように「注意」して歩くでしょう。そのため、あみの上を歩くという運動は、何もない床の上を歩く時と比べると、ずっと多くの「注意」が必要になります。

こうして、あえて「あみ」を床に敷くことで、この上を歩く人に「注意」という認知機能を働かすように要求することができます。これが「ふまねっと運動」です。

あみの代わりに、体育館で使われるような「ラインテープ」を床に貼った場合はどうでしょうか。その場合は、足をひっかけてころぶ心配はなくなります。その点では、安全であるといえます。

しかし、安全であるが故に、テープの上を歩く時には（余分に）「注意」を働かせることもありません。それでは、何もない床の上を歩くのとかわらないのです。

ようするに、「ふまねっと運動」は、あえて危険な「あみ」を使うことで、「注意」を働かせるように要求し、またこれによって「集中」や「記憶」を改善することにつなげようと意図された運動であることがわかります。

私たちのこれまでの経験から、七〇歳代の高齢者は、ほぼ半数の人が「あみ」の上を歩く時に「あみ」を踏んでしまうことがわかりました。これらの高齢者は、足が「あみを踏んでいる」のに自分は「踏んでいない」と思っています。「あみを踏まないように歩いてください」と注意を与えてもなお、かかとが「あみ」を踏んでしまいます。

ここに、一つの発見があります。高齢者は、自分の実際の「足の位置」と高齢者自身の「認知」の間に「ずれ」が生じていることがわかったのです【写真1】。

つまり、「あみ」を「踏んで」歩く高齢者は、「本人が認知しているからだ」と「実際のからだ」がずれている――一致していないのです。本人は「踏んでいない」と感じているのに、実際のからだは足が「あみ」を「踏んでいる」のです。

この「ずれ」は、高齢になるに従って生じる「認知機能の低下」を暗示していると考えられます。この事実は、認知機能の改善を考える上でもとても示唆に富んでいます。「本人が感じているからだの動き」と「実際のからだの動き」の間の「ずれ」を小さくすること、あるいは正確に一致させることが「認知機能の改善」や「正常化」に影響があると考えられるからです。

これは同時に、人の「からだの動き」を観察することで、認知機能の改善や低下を「目で確かめることができる」ということを意味しているのではないでしょうか。高齢に伴って認知機能が低下した人の「からだの動き」は、なめらかさを欠き、ぎくしゃくしていきます。書いた文字も読みづらくなり、こまかな作業ができなくなったりします。

【写真1】 2004年11月6日、別海(べつかい)町公民館で行われた高齢者対象の健康教室で、「ラダー」と呼ばれるなわばしごを踏んで歩いている高齢者。これが、ふまねっと運動の開発のきっかけとなった。

ふまねっと運動は、この人の「からだの動き」と「認知機能」の関係に着目した運動です。そして、からだの動きの「精密さ」や「正確さ」を改善することで、認知機能を改善しようという着想に基づいて考案された運動です。この時、人のからだの動きの微妙な差異を観察するには「あみ」がもの差しの役を果たし、たいへん役に立つのです。

◆ふまねっと運動の対象

ふまねっと運動に参加できる人の対象範囲は、筋力トレーニングや有酸素運動より「広い」のが特徴です。「広い」という意味は、筋力トレーニングや有酸素運動への参加をあきらめてしまうような虚弱な人や「歩行機能が低下した人」まで幅広く参加できるという意味です。

ふまねっと運動は、ゆっくりと歩く運動です。そのため、杖を使っている人や車椅子を使用している人もいっしょに参加することができます。その他に、要介護認定を受けた高齢者も介助をしてもらいながら参加することができます。

介助を受けながら、自分の足で立って一〇メートル程度歩くことができる人なら、デイサービスの利用者から特別養護老人ホームの入所者まで、ふまねっと運動を楽しむことができます。この点が他の運動とは大きく異なる点です【写真2】。

八〇歳以上の高齢者になると、認知機能と運動機能が低下してきます。そのため、転倒する危険も高くなります。この年代の高齢者は、転倒の経験があるか、または転倒の恐怖を感じています。このような高齢者は、「運動」という語を聞くだけで不安を感じることがあります。

しかし、これらの運動機能が低下した高齢者ほど、日常的な生活(行動)を維持するために運動がますます重要なのです。そして、そのような方々は、歩行機能を改善できる余地が大きいのです。負荷の軽いふまねっと運動には歩行を改善できる可能性があります。

従来、このような歩行機能が低下した高齢者には「筋力トレーニング」をすすめるのが一般的でした。厚生労働省の「介護予防マニュアル」でも筋トレが推奨されています。

しかし、歩行機能が低下した高齢者が筋力トレーニングを行うのは、心理的な壁があって難しいのが現実です。高齢者が一度筋トレに参加したとしても、これを「自発的に長く続けて」できるかといえば、それにはかなり困難が伴うと予想されます。

【写真2】 福島県郡山（こおりやま）市の社会福祉法人いずみ福祉会スプリングガーデンデイサービスあさかでは、デイサービス・特養・グループホームに加えて、地域住民向けの介護予防教室でもふまねっと運動を積極的に取り入れています。

この点でもふまねっと運動は優れています。ふまねっと運動は、毎分五〇歩程度のゆっくりしたテンポで歩く運動です。ひとことで言えば、スローモーションのような運動です。そのため、歩行に自信がない人、「運動」という語に心理的な抵抗を感じている人でも参加しやすい運動です。

身体機能が著しく低下していて、歩行や運動に不安を感じている「虚弱高齢者」を、最近では「フレイル（frail、虚弱）」と呼びます。この「フレイル」と呼ばれる高齢者が安心して取り組める運動は、あまり多くありません。ふまねっと運動は、こうした「フレイル」の人たちが安心して参加できる運動です。

◆歩くテンポはゆっくり

ふまねっと運動は、与えられたステップを毎分五〇拍のテンポを目安として歩く練習を行います。このテンポに特に根拠があるわけではありませんが、六〇拍では早すぎます。できるだけ一般的な人たちの日常的な歩行よりもゆっくりしたテンポになるように、一つの目安を五〇拍と定めています【写真3】。

ゆっくり歩く理由は、大きく三つあります。

一つ目の理由は、テンポがゆっくりになればなるほど、歩行が低下した人でも運動に参加しやすくなることです。対象を歩行能力が低い人まで「広げる」ことができます。これは、これまでの運動ではあまり例がないことです。パラリンピックであっても、身体能力が低い人が参加するのは難しいのが実情だからです。ふまねっと運動は、運動能力が低い人に参加するチャンスを広げます。

一般的にスポーツは、上達を競ったり、競技成績を高めようとがんばります。そのため、スポーツはどんどん難しく、すばやく、複雑になっていきます。高度な技能やテクニックを必要とするようになるのです。すると、運動能力が低い人は居場所を失い、どんどん排除され、スポーツに参加することができません。そこでふまねっと運動は、この運動能力が低い人たちが参加できるように、できるだけテンポをゆっくりにしたのです。

歩行が低下した人が歩いているのを見ると、次の一歩が出るまでに長い時間がかかるのがわかります。車椅子使用者などは、立ち上がって立位の姿勢を保つだけで精一杯です。このような方の場合、ご本人は次の一歩を出そうと全力でフル回転しているのに、なかなか足が自由にならず、決まった次の一歩が出てきません。

【写真3】 2018年8月21日、占冠（しむかっぷ）村で行われたふまねっと教室。男性3人のステップは、どれが正しいのか誰もわからない。おだやかで、のんびりした参加者の表情。

そこで、ふまねっと運動を、できるだけゆっくりしたテンポでやってみせます。すると、それを見た高齢者は「これならできそうだ」と感じます。そのせいでしょうか、車椅子使用者や杖の使用者の多くが、ゆっくり歩くふまねっと運動を見て、「これに参加してみたい」と自分からおっしゃいます。ですから、テンポはできるだ

【表3】 ふまねっと運動の種類と用途

用途	地域用	施設用	在宅用
プログラム	ユニバーサル	ホスピタル	プライベート
あみの種類	レギュラー	ハーフ	ミニ
人数/枚	4〜10	2〜6	1〜3
対象者	健常者・障がい者	要介護者・患者	家族
目 的	仲間づくり	機能改善	機能改善・予防
場 所	公共施設等	医療・介護施設等	一般住宅
形 式	集団	小集団	個 人
指導法	アドリブ禁止	アドリブ禁止	ビデオに従う
身体的効果	歩行と認知機能の改善、健康感の改善、バランス改善、転倒予防		
社会的効果	仲間づくり	自立の回復	家族円満、DV予防
精神的効果	うつ予防、孤立予防、よろこびづくり、自信や意欲を高める		
実施頻度	毎月1回〜毎週2回	毎週1回〜毎週3回	毎週2回〜毎日
必要資格	サポーター	インストラクター	不要

【表4】 ふまねっと運動のあみの種類

あみの名称	レギュラー	ハーフ	ミニ
あみの形	3列8段	3列4段	2列4段
マスの数	24	12	8
あみの材質	ゴム・ナイロン	ゴム・ナイロン	紙や布など
あみの面積	6㎡（1.5m×4m）	3㎡（1.5m×2m）	2㎡（1m×2m）

けゆっくりにします。

二つ目の理由は、バランスの改善につながることです。ゆっくりした歩行運動は、通常歩行と比べて片足で立っている時間が長くなるので、その経過時間中に、中枢（脳）では倒れないようにバランスを保つ必要が生じます。この経過時間中に、左右の足への体重移動の調節を行うため、中枢神経はその分長く活動しなければなりません。したがって、ゆっくり慎重に歩くことは、通常の歩行に比べて「中枢神経の活動時間」を「延長」させると考えられます。

三つ目の理由は、安全性を高めることができるということです。ふまねっと運動は、あみという危険な障害物を利用する運動です。そのため、速いテンポですばしこく歩くことは、足をあみにひっかけて転ぶ危険性を高めることになります。しかし、ゆっくり慎重に、スローモーションのようにあみをよく見て歩くことで安全性を高めることができるのです。

◆地域ではユニバーサルプログラムで交流と仲間づくり

ふまねっと運動には、実施する対象や場所に応じて三種類の方法（＝プログラム）があります。はじめに、地域の住民の交流を通してつながりやコミュニティーを育てる「ユニバーサルプログラム（以下、ＵＰと略す）」を紹介します。それには、縦八マス×横三マス、合計二四マスでできた「レギュラー」と呼ばれるふまねっとを使用します【表3】【表4】。

この「レギュラー」の大きさは、縦四メートル×横一・五メートル＝六平方メートルです。たたみ四畳程度の大きさです。

ＵＰは、ふまねっと運動が発明された当時のオリジナルの理念と楽しさ、アイデアがそのまま大切に引き継がれています。

「ユニバーサル」というのは「普遍的」という意味です。この「ユニバーサル」という名前をつけた理由は、このプログラムが、「健常者だけではなく、障がい者も、だれでもどこでも例外なく（＝普遍的に）参加できて、すべての人が平等に」楽しめることを目的としているからです。

このUPは、地域の住民が集まって行う仲間づくりには最適です。地域住民のだれかがふまねっと運動の指導者になって、お互いに教え合って、励ましたり、ほめたりして健康教室を進めていくことができます。童謡を題材にしたステップが六〇種類以上考案されています。これを歌いながら、住民が地域で交流を行うことができます【図1】。地域のサロンなどで行うには

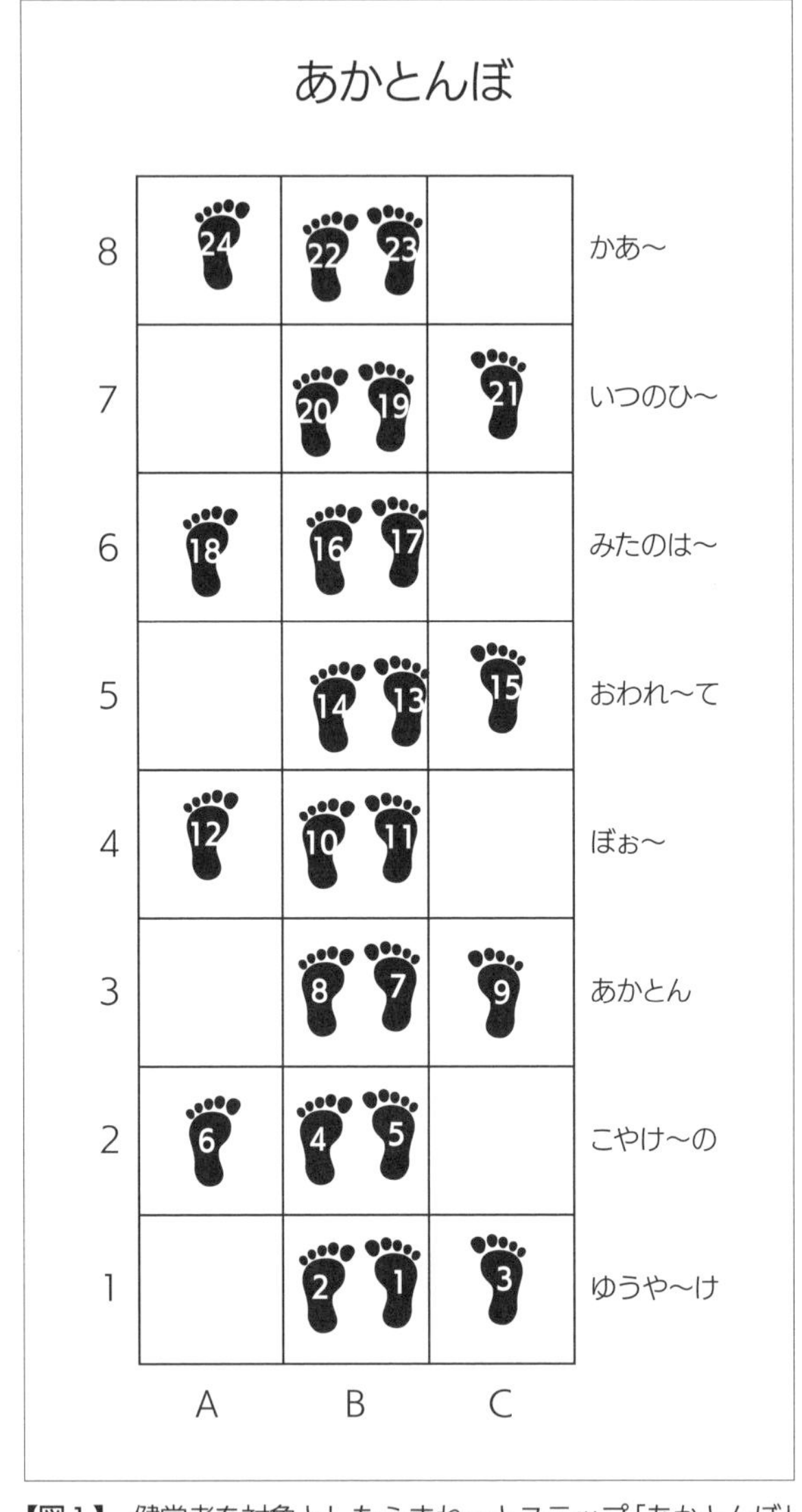

【図1】 健常者を対象としたふまねっとステップ「あかとんぼ」

【写真4】 ふまねっとステップができたところ。2019年2月7日、北広島(きたひろしま)市のサポーター研修会。ゴールの瞬間、ステップができた時は、いつものハイタッチで。

ぴったりです。

また、高齢者が役割を持ち、地域とのつながりを作り、とじこもり予防や社会参加するためのプログラムとしても有望です。この高齢者が指導者になる方法については第三章で詳しく紹介します。

各地で行われているUPには、障がい者も多数参加しています。杖や車椅子などの使用者はもちろん、認知症の患者・聴覚障がい者・視覚障がい者・精神障がい者が、同じ地域やコミュニティーのメンバーといっしょに、お互いの練習を応援するために集まってきます。

ふまねっとレギュラーは、その大きさが手頃なので場所を選びません。体育館のような運動施設がなくても、サロンや和室・会議室でも行うことができます。寒冷地では冬期に屋外で運動する場所がありません。ふまねっと運動ならば、市町村の保健センターや公共施設のホールなどでも行うことができます。ショッピングセンターの空きスペースや空き店舗・お寺の本堂・教会の集会所・診療所の外来患者の待合室などでも行われています【写真4】。

◆病院や施設ではホスピタルプログラムで歩行改善

縦四マス×横三マスでできたふまねっとを「ハーフ」と呼びます。これは、要介護認定を受けた高齢者や手術後の患者のように、歩行が低下していて、八マスのふまねっとレギュラーでは負担が大きすぎる場合や、会場がせまくてレギュラーを敷くスペースがない場合などに使用します。

このハーフを使用したプログラムを、「ホスピタルプログラム(以下、HPと略す)」と呼びます。UPとHPは、ステップの種類は同じですが、歩く向きが違います。UPは八マスのふまねっとの上を一方通行で歩きます。これに対してHPは、UPと同じステップを半分まで行って、四マス歩いたら一度あみの外に出て回れ右をして向きを変え、反対方向に向かって再出発して歩きます。つまり、半分サイズのふまねっとの上を往復して歩くのがHPです。

HPは、定員が二名から六名です。UPの約半分です。人数は少なくなりますが、交流を目的として、少人数で仲間づくりのプログラムを行うことができます。また、人数が少ない分、一人ひとりに時間をかけることができます。そのため、認知症の人や杖歩行の人が参加する場合に

【写真５】 全国に展開するメディカル・ケア・サービス株式会社の愛の家グループホームでは、転倒防止と認知機能改善のためにふまねっと運動に取り組んでいる。中央の男性は右足があみを踏んでいるが、練習するうちに踏まずに歩けるようになった。

はやさしいプログラムになります。

ＨＰは高齢者福祉施設のデイサービスやグループホームで行うふまねっと運動に適しています。それは、このＨＰの方が参加する人の個別の条件に合わせて運動を変更することができるからです【写真５】。

デイサービスやグループホームでは、ふまねっと運動を、ＵＰを利用して一〇人くらいの人数で、交流を目的とした楽しいレクリエーションとして行う例が多く見られます。そのほうがにぎやかで盛り上がります。しかし、歩行能力が高い人がいると、歩行能力が低下している人が参加できなくなってしまうなどの問題が生じることがあります。また、その逆もあります。

そのため、歩行能力・認知症の症状・

障害の種類などの参加する人の条件に合わせてグループ分けをして教室を開きたい場合には、このHPを使用するほうが簡単です。そのうえ、せまい場所で、あまり離れないでできるので、大きな声を出す必要もありません。日常的な会話をしながらサロンのようにふまねっと運動を行うことができるのでアットホームな雰囲気がよろこばれます。

◆家庭ではプライベートプログラムで認知症予防

三つ目は、個人で練習することを目的としたプライベートプログラム（以下、PPと略す）です。縦四マス×横二マスの合計八マスでできた、「ミニふまねっと」と呼ばれるふまねっとを使用します。

このミニふまねっとは、新聞紙を利用して手作りできます。ですから、お金がかかりません。これは、コロナ対策のために、自宅でできるようなプログラムを作るために考案されました。このミニは、大きさが縦二メートル×横一メートルの大きさです。ちょうど、たたみ約一畳分の大きさになります。これならば、ほとんどのご家庭で必要なスペースを見つけることができると思います【写真6】。

PPはこのミニふまねっとを利用して、音楽にあわせて行うプログラムです。ステップの種類はUPやHPとは異なります。八マスのミニふまねっとにあわせた新しいステップが考案されています。ミニふまねっとは、あみのマス目の数がUPの二四マスと比べて三分の一の八マ

【写真6】 在宅でプライベートレッスン用の「おうちでふまねっと初級」指導映像。たたみ一畳ほどの大きさのあみを使用して練習することができる。難易度はレギュラーサイズと比較しても劣らない。

スと少なくなりましたが、ステップの種類は豊富です。また、決して簡単ではありません。

PPには、一般的な八〇歳代の高齢者向けの「おうちでふまねっと初級」【図2】から、七〇歳代の高齢者向けの「おうちでふまねっと中級」、そして、六〇歳代の高齢者向けの「おうちでふまねっと上級」の三つのレベルがあります。何度か練習すると、だれでもできるようになるステップですが、どのステップも練習が必要です。

このPPは、ご自宅でビデオを再生しながら、一人で練習できます。しかし、一人で練習して、上手にできてもだれもほめてはくれません。そこは、このPPのもの足りないところです。

そこで、例えば一人暮らしをしてい

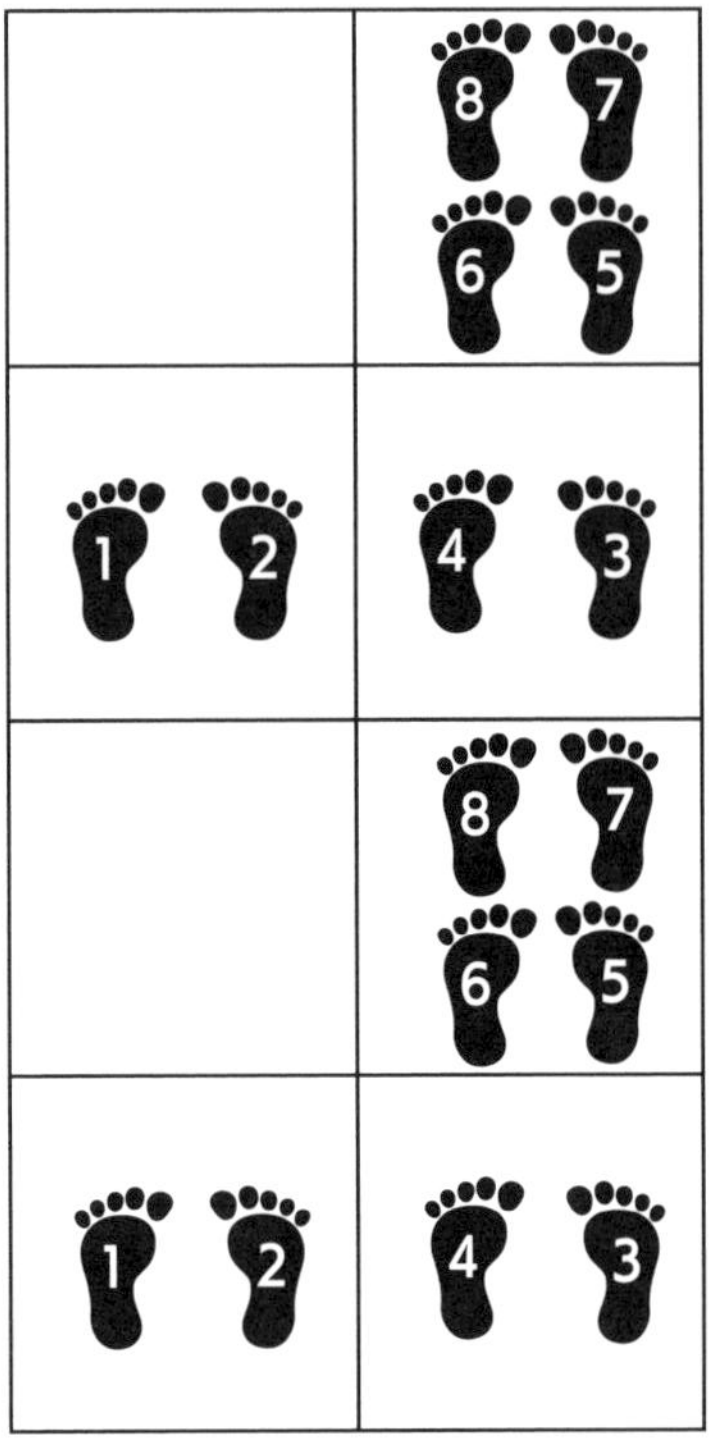

【図2】 おうちでふまねっと初級のステップデザイン例。在宅で行うプライベートレッスン用で、童謡の歌にあわせてステップを行う。

る独居の方には、訪問看護などの事業者が教えてあげるとてもよいと思います。そして、ある程度ふまねっと運動になれてきて、基本のステップができるようになってきたら、近くで行われている仲間づくりのふまねっと教室でＵＰに参加するのがいいでしょう。

◆オンライン「おうちでふまねっと」に在宅で参加する

すぐにふまねっと運動を試してみたい方のために、ご自宅からインターネットを利用して参加できる無料の「おうちでふまねっと教室」があります。

認定ＮＰＯ法人ふまねっとは、二〇二〇年から、誰でも、いつでも、どこからでも、何度でも無料で参加できる「おうちでふまねっと教室」をオンラインで配信しています。

参加するためには、パソコン・タブレット・スマホを用意して、新聞紙でミニふまねっとを手作りしてからウェブ会議アプリＺｏｏｍをインストールして、「おうちでふまねっと」ホームページにアクセスしてください。現在は土・日・祝日をのぞく平日午前一〇時から毎日「おうちでふまねっと教室」が開催されています。全国からの参加者と会話しながら在宅でふまねっと運動に参加することができます。

第二章

歩行と認知機能を改善する理論と指導法

◆ふまねっと運動の効果

ふまねっと運動には、歩行機能の改善と認知機能の改善効果が認められます。歩行と認知機能の改善効果は、一つの同じ研究で観察されました。平均年齢七六・四歳の高齢者を対象に、毎週一回、約六〇分程度のふまねっと運動を二五〇歩程度行い、八週間続けたところ、歩行と認知機能の改善が観察されたのです。

この研究では、『認知機能改善八週間プログラム』と名付けた、八回分のステップ計画を使用しました。無作為で選ばれた三〇人の高齢者の研究協力者が、この『認知機能改善八週間プログラム』に参加しました。このグループの研究協力者を「参加群」とします。

これとは別に、ふまねっと運動に「参加しない」という高齢者も無作為で三〇人選ばれました。そして、いつもと変わらない生活で八週間すごしてもらいました。そこで、このグループを「不参加群」としました。

そして、この二つのグループの歩行と認知機能を八週間の運動実施期間の前後で比較しました。その結果、「参加群」の人たちの歩行機能が一一・五パーセント改善し、認知機能が六・八パーセント改善したことがわかりました（Kitazawa K., et al., *Journal of Geriatric Physical Therapy*, 2015）。

歩行機能は、タイムアップアンドゴー（Timed Up & Go、以下、TUG）という方法で測定しました。このTUGという方法では、イスから三メートル離れたところに三角コーンを置き、被験者がそのイスに座った状態から立ち上がり、三角コーンを回ってまたイスに座るまでの時間を計測します。日本の健常な高齢者（六五歳以上）のTUGの標準的な値は、およそ五・五秒から六秒です（大渕修一他『日本公衆衛生学雑誌』二〇一〇年）。

研究の結果、ふまねっと運動の「参加群」は、TUGの記録が平均八・五秒から七・五秒に短縮しました。つまり、ふまねっと運動に参加した八週間前後でTUGの平均タイムが約一秒短縮したことがわかりました。

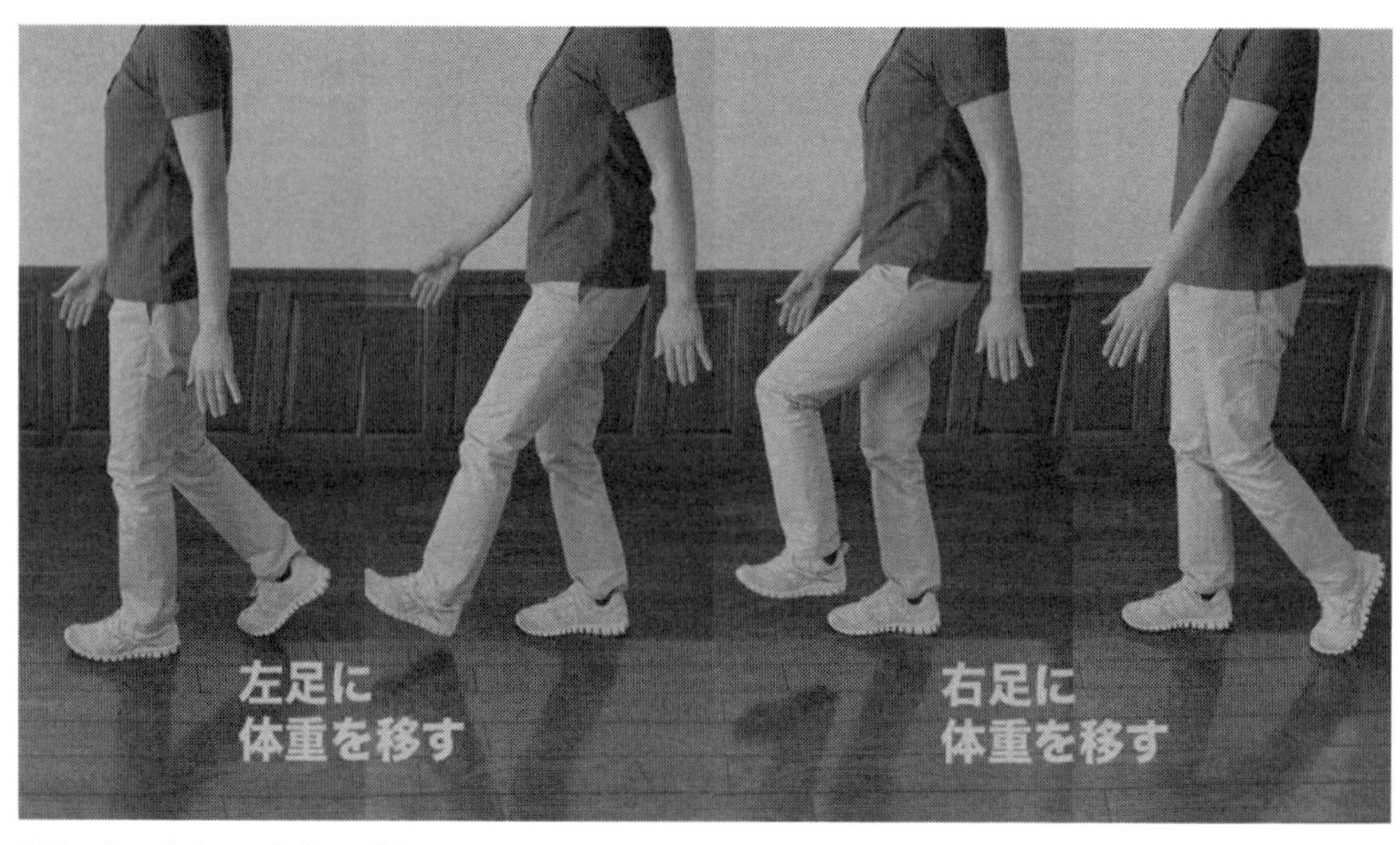

【図3】 歩行の定義＝「歩行とは左右の足への体重の移動」である。

◆歩行の改善効果

まず、なぜふまねっと運動で歩行が改善するのか、その仮説を説明したいと思います。ふまねっと運動を行うと歩行が改善するのは、「左右の足に体重を移動する神経調節機能が改善するから」と考えられます。

まず、「歩行」とは何かについてあらためて考えてみましょう。

歩行の定義にはいくつかありますが、私たちは歩行を独自に定義してみました。それは、「歩行とは左右の足への体重の移動である」という定義です。これは私たちが日常的に歩いているところを観察するとわかります。歩きながら全体重が右足、左足へと、交互に体重が移動していきます【図3】。

まず右足で立つ。その時は右足に体重が移動しています。次に左足で立つ。その瞬間は、体重が左足に移動しています。つまり、わずかな間に交互に「左右の足に体重の移動を繰り返す」ことを「歩行」と定義することにしたのです。

簡単な実験をして確かめてみましょう。両手を伸ばしあわせておへその前方に置きます。そうすると、両足に体重が均等にのった状態になります。その状態のままで、右足か左足のどちらかを上げてみてください。どちらの足も上げることができません。両足に同時に体重がのっかっている状態では、どちらの足も上げることができないのです。

では、手を下ろして。次に全体重を左足にのせてください。そして、右足を上げてみてください。右足は簡単に上げることができます。つまり、右足を上げるには、左足にすべての体重を移すという仕事が必要(不可欠)なのです。また、左足を上げるには、右足にすべての体重を移すという仕事が必要です。すなわち、歩行とは「左右の足への体重の移動である」ということがわかるのです。

歩行するためには、必ず左右どちらか一方の足に「一〇〇パーセントの体重を移動」しなければなりません。まず全体重を右足に移動させたら、ただちに左足の「位置」を前に動かすのです。そして、今度はその動かした左足に体重を一〇〇パーセント移動します。ここで体重が全部左足に移動したら、今度は体重がかかっていない右足を前に動かします。これができれば、その次の一歩も、続けて動かせるようになります。

こうして、左右の足に交互に一〇〇パーセントの体重を移動させる。これが歩行です。

◆歩行は多重課題運動

この、自分ひとり分の体重を左から右へ、一方の足から他方の足へ一〇〇パーセント移動するというのは、脳の中枢神経の高度な「神経調節」が必要な作業です。それは、全身の筋肉や関節の動きを調節しなければならない作業です。これは、脳の中枢神経による調節が必要となる作業なのです。ここは、ふまねっと運動の中でも特に重要な理論になりますので詳しく見ていきましょう。

今、どちらか片方の足に体重が全部のっているとします。そこから、もう片方の足へ体重を移動させるためには、上半身の右腕と左腕、下半身の右足と左足、腰や背中にある多くの筋肉が別々の収縮を行い、関節が別々の屈曲や伸展を行わなければなりません。

ここで調節が必要となる筋肉や関節の数は、腕や足の関節や筋肉の数を合わせた数です。人間の筋肉の数は六〇〇以上、関節の数は二六〇あるといわれています。これらの中から必要な筋肉と関節を選んで行わなければならない調節は複雑な作業です。

右足に体重を移動する時は、右足の筋肉や関節には体重を「のせる」調節を行います。この時、同時に左足の筋肉や関節には、左足から体重を「とる」調節を行う必要があります。つまり、右足と左足は、同時に反対の結果が生じるように、あべこべの調節（拮抗作用）を行う必要があるのです。

歩行が正しくできるためには、この左右の足のあべこべの動作が、タイミングよく、力の過不足なく、同期して、同じテンポでリズミカルに調節されなければなりません。

この神経調節は、脳や脊髄などの中枢神経と呼ばれる場所で行われます。ところが、高齢になると、この脳で行われる神経調節機能が低下してくると考えられます。その場合は、左右のどちらかの足へ体重を移動する調節が、必要なタイミングで機敏に働かなくなります。その結果、両足にべったりと、同時に体重をのせた状態になってしまうのです。

両足に体重を均等にのせて、しっかり両足でふんばって立ってしまうと、どちらの足も一ミリたりとも動かすことはできません。これが歩行の低下です。つまり、歩行の低下とは、左右の足へ体重を移動するための神経調節機能が低下することです。そうなると、両足で全体重を支えるようにして立つようになります。しだいに手すりを頼り、杖を使い、歩行器を押すように歩行機能が低下していくのです。

それでは、歩行を改善するためにはどうしたらよいのでしょうか。それは、「左右の足への体重を移動する神経調節機能を改善する」ことです。

そのために、ふまねっと運動は理にかなっています。なぜなら、あみを「踏まないように」歩くためには、あみを「またぎこさなければ」ならず、そのたびに必ず左右どちらかの足に体重を一〇〇パーセント移動しなければならないからです。

歩行機能が低下した高齢者は、体重をどちらかの足にきちんと完全に移動しないまま、すりすりと床の上を歩くようになります。つまり、体重を両足にのせたままひきずって歩いてしま

【写真7】 2018年10月18日、せたな町で行われた、ふまねっとサポーター研修会。サポーターは同じTシャツを着ている。町の保健師さんとともに、せたな町の町内ではふまねっとサロンが開設されている。

うのです。このような歩き方では、あみをひっかけてしまいます。またぎこすことはできません。

このように歩行が低下している高齢者でも、ふまねっと運動の際には、あみをまたぐ時には、必ずどちらかの足を「軸足」として、そこに一〇〇パーセントの体重を移動します。こうして、もう片方の足を上げてあみをまたぎこすのです。

その結果、片方の足に体重を一〇〇パーセント移動することを繰り返すことになります。そのため、あみの「またぎこし」を行うたびに、「左と右の足への体重移動」を繰り返し練習し、学習されることになるのです。これによって、次第に体重の移動の改善につながり、歩行が改善すると考えられます。

したがって、ふまねっと運動を指導する際には、「どちらの足に体重が移動しているか」に注目することが重要です。

さらにもう一つ、このあみの「またぎこし」をしている時に、注目してほしいことがあります。それは、あみをまたぎこす時に、当人が「あみに「注意」を傾けているかどうか」に注目することです。それが歩行の改善だけでなく、認知機能の「注意」の改善にもつながるからです【写真7】。

◆認知機能の改善効果

私たちの研究では、認知機能をタッチエム（Touch-M、以下、ＴＭと略す）という器械を使用して測定しました。ＴＭは、北海道大学医学部の精神科教授（当時）であった村上新治教授によって開発されました。ＰＣの画面が二分割から六分割のセル（四角）に分割され、このセルが不規則な順番で青く点滅します。そして、この点滅が終わった後に、点滅した順番を再現するというテストです。空間認識（ＰＣ上に点滅する信号の「位置」）と時間認識（信号が点滅した「順序」）の記憶を確かめるテストとして考案されました。

人の認知機能の測定や評価は難しく、今日でも共通の標準的方法が確立されていないのが現状です。現在、よく利用されている方法は、日付を聞いたり、「桜、猫、電車」などの単語を思い出して質問に答える三〇点満点の評価法です。これは、専門家の間で「長谷川式」や「ＭＭＳＥ」

などと呼ばれています。私たちが使用したＴＭの得点は、この「長谷川式」や「ＭＭＳＥ」と高い相関があります(村上他)。

ふまねっと運動の「参加群」は、ＴＭの平均得点が八〇・〇点から八五・四点へ、六・四パーセントの改善が認められました。これは、統計的に有意な改善と認められました。一方の「不参加群」の平均得点は、七八・二点から七九・三点になりましたが、統計的に有意な改善は認められませんでした。

このような研究の結果から判断して、私たちはふまねっと運動に一定期間継続して参加することによって認知機能を改善させる効果があると考えています。

◆認知機能と二重課題運動

では、なぜふまねっと運動は認知機能を改善することができるのでしょうか。ここでふまねっと運動の効果を説明するために、二つの仮説(理論)を紹介したいと思います。

ふまねっと運動の認知機能改善効果を説明する理論は二つあり、一つは、「二重課題運動」の理論です。そして、もう一つは、「からだの動きと認知機能は密接に関係する」という理論です。はじめに「二重課題運動」の理論を説明します。ふまねっと運動が二重課題運動の一つであることについてはすでに第一章で紹介したとおりです。

近年、同時に二つ以上の「課題」を行う運動を「二重課題運動(Dual-Task Exercise、以下、ＤＴＥと

【写真8】 2018年6月18日、佐賀県鳥栖(とす)市の社会福祉協議会が行っているふまねっと教室。畳の上に、ふまねっとを敷いている。鳥栖市では、市内の7カ所でふまねっとサポーターが教室を継続的に開いている。

【表5】 ふまねっと運動を構成する七つの課題

1.「歩行」を一つの「課題」と数える。……………………………………… 1つ目
2.「あみをよく見て踏まないように歩く」。注意が必要となる。…………… 2つ目
3.「ステップの規則に従う」。ステップの記憶と学習が必要となる。……… 3つ目
4.「ゆっくり歩く」。重心移動の微修正(バランス)が必要となる。………… 4つ目
5.「テンポにあわせる」。音にあわせて全身の協調動作が必要となる。…… 5つ目
6.「手をたたく」。手と足の両方に注意の分配が要求される。……………… 6つ目
7.「うたを歌う」。歌にあわせてステップや手拍子が要求される。………… 7つ目

ています。

略す）」と呼ぶようになりました。このＤＴＥは、認知機能を改善させる効果があると注目され

ＤＴＥとはどのような運動かというと、例えば、「歩き」ながら「計算問題」をするなどが典型例です。これは、「①歩く」という運動課題と、「②計算する」という思考課題の二つを同時に行っている例です。計算問題の代わりに「しりとり」をするＤＴＥもあります【写真8】。

ふまねっと運動も、このＤＴＥの一例です。ふまねっと運動は、同時に七つの課題を行っていると考えています。そのため、「二重」ではなく「多重課題運動」ともいえます。

ふまねっと運動が行っている七つの課題は【表5】に示されています。ふまねっと運動は、この表の1からスタートして、手拍子を追加したり歌を追加したりして、最後には課題を七つまで追加していきます。

課題が一つから三つくらいまでは簡単ですが、手拍子を追加するあたりから難易度が高くなります。同時に行わなければならない課題が多くなると、どれかができなくなったり、おろそかになります。例えば、六つ目の手拍子はできてもステップを間違えてしまうとか、ステップができると今度は手拍子を忘れてしまうなどが一例です。どれか一つの課題に気をとられると他の課題はうっかり失敗してしまうことになります。

ＤＴＥは、通常の運動よりも脳の神経活動を活発にすると考えられています。単に「歩く」という一つの課題だけを行うよりも、歩きながら「計算」をするほうが同時に複数の課題を行うので脳の神経細胞の生理的反応を「量的」に増加させるので、これが認知機能に積極的な影響

を与えるのではないかと考えられるのです。

そのようにみれば、ふまねっと運動は同時に七つの課題を行うので、脳の神経活動や興奮がより多く必要になると考えられます。そのため、七つの課題を行うふまねっと運動で、脳の神経活動の生理的興奮が平常時よりも「量的」に増加すると考えられます。

しかし、現時点ではこれはあくまでも仮説なので、ふまねっと運動によって、脳の神経活動が増加するかどうかは、脳波計や脳血流計などを利用して実際に確かめてみる必要があります。

◆からだの動きと認知機能

ふまねっと運動が、脳の神経細胞の生理的興奮を促進するとすれば、それは認知機能を改善させるために有利に働くと考えられます。単純な活動よりも、複雑な課題を行うために脳の神経細胞がすぐに広範囲に活動するからです。

しかし、私たちはＤＴＥを行うだけでは、脳の神経細胞の活動の量が増加するのみで、注意や記憶などの認知機能がただちに改善するとは考えていません。

認知機能が改善するためには、神経活動の「量的な増加」の他に、神経活動の「質的な改善」が必要だと考えています。「質的な改善」とは、人の「からだの動き」の正確さ・美しさ・慎重さ・丁寧さ・こまかさが向上することです。あるいは、「失敗が減る」などの変化が生じることです。

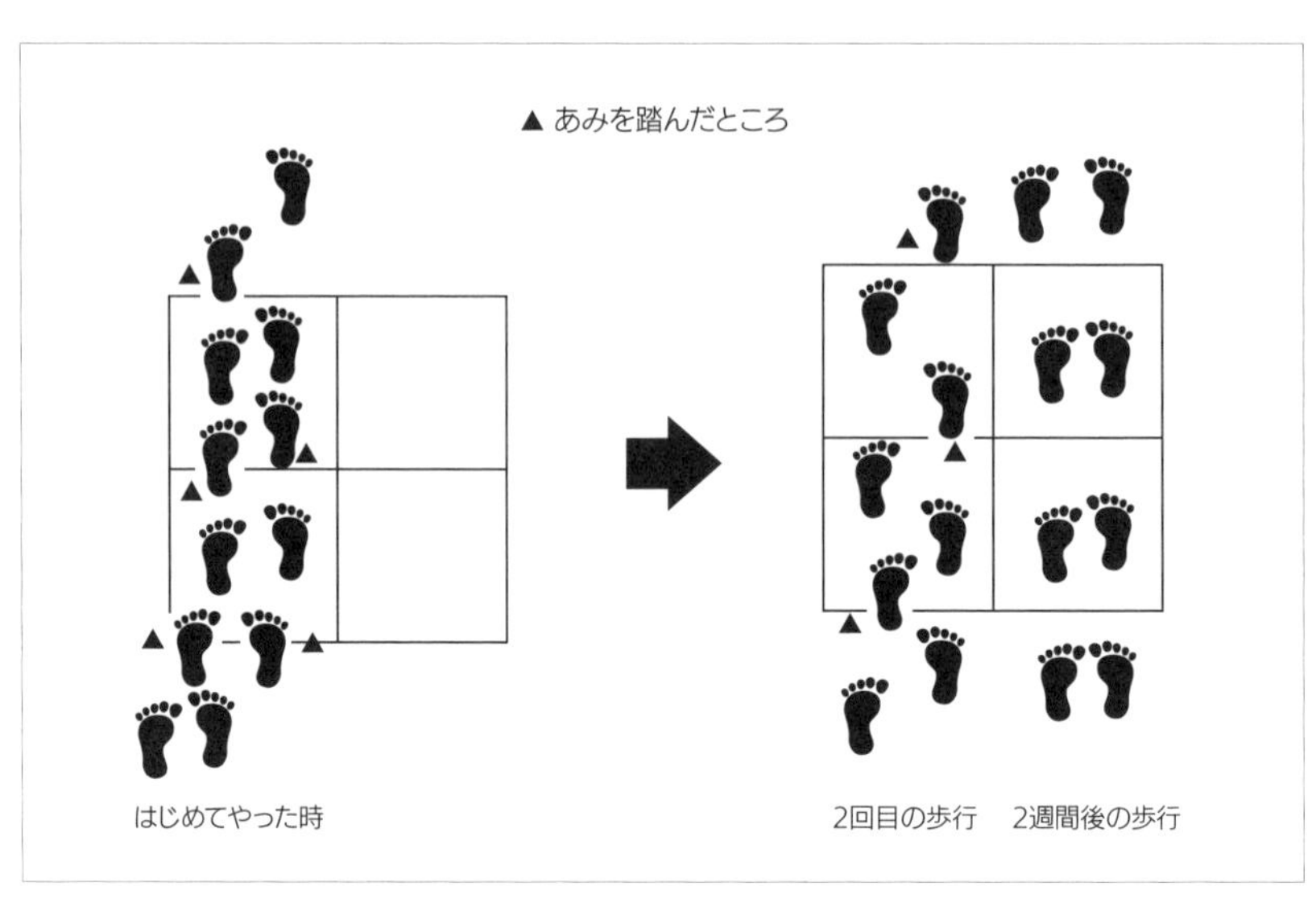

【図4】 80代の認知症高齢者がふまねっと運動を練習した時の足跡の変化。

例えば、あみを踏まなくなった、歩くテンポが規則的になった、ステップを間違えなくなった、手拍子が正しくできる、などの「からだの動き」に質的な改善が見られることです。

【図4】を見てください。これは、認知症の八〇代の女性がふまねっとの上を歩いた時の足跡を記録したものです。はじめての時は、足があみを五回踏みましたが、二回目の時は三回踏みました。二週間後の時は、足があみを踏むことはありませんでした。この図は、足があみを踏む回数が、歩く回数を重ねるに従って少なくなっていくことを現しているのです。

このように、あみをズカズカ踏んで歩いていた人が、ふまねっと運動を練習するうちに、「あみを踏まないで歩く」ようになったとしましょう。この時、この人にはいったい何が起こったのでしょうか。「筋力の向上」でしょうか。違います。私たちは、そこに「認知機能の改善」があったと考えます。

また、もし仮に、いつもあみを踏まずにスタスタ上手に歩いていた人が、ある日、あみを踏んで歩くようになったとします。これは、何を意味しているのでしょうか。「筋力の低下」でしょうか。違います。私たちは、ここに「認知機能の低下」があったと考えます。

つまり、「からだの動きと認知機能は密接に関係する」という仮説を立てることで、私たちは「からだの動き」から、認知機能の改善や低下を推定したり観察することができると考えるのです。

◆からだの動きの質の違いと神経機能

人の「からだの動き」とは、筋肉が収縮したり、関節が屈曲伸展したりして、腕や足や全身が動くことです。そこで、この筋肉や関節の機能を「身体機能」と呼びます。この「身体機能」の活動は「目で見る」ことができます。

よく見ると「からだの動き」は、早かったり遅かったり上手だったり下手だったり丁寧だったり雑だったりします。これを「からだの動き」の「質の違い」と考えることにします。

では、「からだの動き」に、「質の違い」をもたらしているのは何でしょうか。それは、腕や足などの筋肉を支配している神経調節です。からだの各部の筋肉が、脳から発している神経によって、適切に収縮を調節された場合には「からだの動き」も正確になり、質が高くなります。筋肉の収縮を、目的に応じて強すぎず弱すぎないように調節しているのがこの「神経機能」です。

からだの動きを正確に、丁寧につくるためには、「神経機能」が適切に活動をしなければなりません。「神経機能」が筋肉を収縮させる時に、むやみやたらに「力を入れ」すぎたり、「力を抜き」すぎてはいけないので、そうならないように「神経機能」を注意深くじっと監視する機能があります。それが、認知機能です。認知機能は、判断や計算、予測や推理、記憶や意志、意欲や希望などの高次元の働きをしていると考えられています。

つまり、「からだの動き」は、目に見える「身体機能」から、それを調節している「神経機能」、さらにそれを監視している「認知機能」へと出発地点をさかのぼっていくことができます。「からだの動き」は、この三つの機能がいずれも正常に連携・協調・反応・動作した場合に、総合的な結果として表に現れてくるものなのです【写真9】。

それは次のような流れです。最も上位の認知機能が目的やねらいを定めて、位置・タイミングを正しく判断して予測を下して計画を立てます。次に脳から筋肉までつながる神経機能がこれに従い興奮の位置や強度を調節します。最後に筋肉や関節などの身体機能がこれに従い正しく反応収縮します。

すると、認知機能が最初に定めた「ねらい」通りの「からだの動き」となって現れるという流れです。

【写真9】 2018年5月16日、新潟(にいがた)市松浜病院で行われたふまねっとインストラクター講習会。職員の多くが参加して、認知症高齢者のための指導法を学ぶ。この写真は、すれ違いステップを練習しているところ。地域住民対象のふまねっと健康教室を企画している。

このように、「からだの動き」が認知機能・神経機能・身体機能の共同合作だとすれば、「からだの動き(終着地点)」と「認知機能(出発地点)」はとても密接な関係にあると考えることができます。

そうだとすると、表(外部)に現れた「からだの動き」から、その源流である認知機能の働きを点検できると考えられます。たとえば、「からだの動き」が正確(精密)であれば、認知機能が正常(厳格)に働いていると推測することができます。下位機能である神経機能と身体機能は、上位機能である認知機能に従っていると見ることができるからです。

そこで、ふまねっと運動の着想は、「からだの動きに注目して、認知機能の改善や低下の変化を観察する」ことにあります。その方法は、簡単な「運動課題」ができるかどうかためすことです。そして、そのからだの動きの正確性に注意して、正しく「運動課題」ができるようになるまでに「要した時間（回数）」や、正しく「再現できた時間（回数）」をはかります。

ふまねっと運動のステップは、一つの「運動課題」です。健常者は、この「運動課題」を一度の説明を聞くだけで、ただちに記憶して、正しくからだを動かすことができます。それは、健常者の「認知機能」が「記憶」したステップと、それを再現するために「神経機能」が行った「調節」と、最終地点の筋肉や関節である「身体機能」が行った「反応」が「正しい」ことを証明しています。

つまり、おもてに現れた「からだの動き」から、「認知機能」の働きが「正常であった」ことを判別することができるのです。

では、認知機能が低下した人ではどうでしょうか。ふまねっと運動のステップを説明しても「記憶」するまでに「時間がかかり」ます。ステップができなくて、何度も説明しなければなりません。また、やっとステップを覚えたと思ったら、すぐに「忘れて」しまいます。すると、ステップができなかったり「間違えて」しまうことになります。このような認知機能の「間違い」もまたすべて「からだの動き」に現れてしまうのです。からだの動きを見ていると、認知機能の働きをかくすことはできないのです。

では、あみを踏んでばかりいた人やなかなかステップを覚えることができなかった人が、ある時からあみを踏まなくなったとしたら、どうでしょうか。それは、記憶や注意などの認知機能が改善したと考えることができるのではないでしょうか。私たちは、このような「からだの動き」に見られるよい変化は、認知機能の改善に深く関係すると考えています。

したがって、ふまねっと運動を行ってステップを練習することで「間違い」を一つずつ減らしていくことが、認知機能の改善につながると考えられます。これが、からだの動きの質に注目して認知機能を改善するという着想に結びつきました。

ところで、認知機能という言葉は曖昧で、何を意味しているのかが明確ではありません。そこで私たちは、認知機能の中でも、「注意」「集中」「記憶」という三つの概念に注目しました。なぜなら、この三つが人のからだの動きの質を決める重要な役割を果たしていると考えたからです。そして、人のからだの動きの変化を詳しく観察するために、この三つの概念にふまねっと運動の独自の定義を与えることにしたのです。

◆「注意」とは何か

私たちは、人の「からだの動き」から、「認知機能の変化」を見分けることができると考えています。これは「認知機能とからだの動きの間には密接な関係がある」という仮説に基づいています。

そこで「注意　attention」「集中　concentration」「記憶　memory」という主要な三つの認知機能に注目し、これらの三つが「からだの動き」とどのように関わっているのかを考えました。

そして、一つ目の「注意」は、「動きの正確性を高める精神活動」と定義しました。

注意の改善

意識：あみを踏まないように歩く
結果：少し踏んでしまう

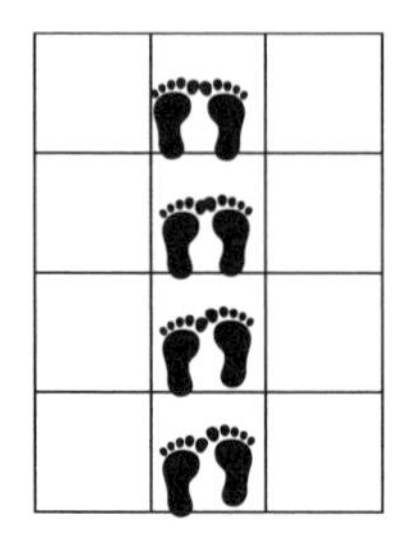

動作の正確性の向上

注意＝している
正確性＝低い

意識：あみを踏まないように歩く
結果：あみを踏まないで歩ける

注意＝している
正確性＝高い

【図5】 注意の改善を現した図。動きが正確になってあみを踏まなくなった。

【図5】を見てください。この図は、同じ人の足跡です。二つの足跡がありますが、どちらの足跡も「あみを踏まないように注意して歩いた」時の足跡です。左の足跡は、かかとがあみを踏んでいます。ところが、右の足跡はあみを踏んでいません。この違いが「注意力」の違いです。

左の足跡の歩行時は、「動きの正確さを高める精神活動が低かった（弱かった）」ために、あみを踏んでしまいました。これを、「注意力」が低いと考えます。しかし、右の足跡は、「動きの正確さを高める精神活動が高く働いた」ことによって、あみを踏まずに歩くことができたのです。そこでこれは、「注意力」が高いと考えます。

つまり、「注意力」の差というのは「動きの正確さ」の差ということになります。この「動きの正確さを高める精神活動」には、「あみをよく見る」、「自分の足の位置を確かめる」、「どこに足をつくべきか、あらかじめ計算(推定)する」ことが必要になります。例えば、歩く方角や進行方向の空間と奥行の認識、手足を動かす順序や順番の操作手順の決定、あみと足の位置の識別と修正などの精神活動が複雑に関わっていると考えられます。これらが連携して「注意」という認知機能の役割を果たしているのです。

そこで、「足があみを踏まなくなる」などのような「からだの動きが正確になる」ことがあれば、それは「注意が改善した」と考えてよいと思います。

この場合、高齢者はあみの位置を前より正確に知覚できるようになり、また、自分の足の位置を正確に知覚することができるようになり、そして、足の着地位置を正確に推定(計算)して、その位置に正確に足を動かすことができるようになったと想像できます。これが注意という認知機能の改善です。

これらの「知覚」「計算」「判断」を「正確に行う精神活動」が「注意」です。そうすると、「からだの動きの正確さが高ければ高いほど、注意力が高い」ということになります。逆に、「からだの動きの正確さが低くければ低いほど、注意力が低い」ということになります。

このからだの動きの正確さのレベルを測る道具として役立つのが「あみ」です。

あみをズカズカ踏んで歩く高齢者は、「注意力が低い」ことになります。この方は、知覚・計算・判断・運動に関わっている精神活動が低下している証拠です。ところが、ふまねっと運動を練習してこれらの精神活動が改善すると、つまり、「注意力」が改善すると、ずれは小さくなりあみを踏まなくなるのです。

注意力が改善するとからだの動きは正確になる。ふまねっと運動ではあみを使うことでこれを目で確かめることができるのです。

◆「集中」とは何か

「集中」とは何か。それは、本来ならば「できるはず」のことがある瞬間「できなくなる」ようなことがあった場合、この瞬間を「集中を欠いた」、または、「集中が低下した」と呼ばれる現象が生じたと考えます。

では、この瞬間に何が起こったのかというと、この瞬間には、油断したり、ふっと他のことを考えたり、なめてかかったり、うっかりしたり、などの「出来事」があった、と見られることがあります。そこで、このような現象に注目して、「集中」を見えるようにすることができます。

「集中」を定義するためには、「注意」という概念を利用します。先に私たちは、認知機能の一つである「注意」に「動きの正確さを高める精神活動」という定義を与えることで、人の身体の「動き」から「注意」が改善したのか、または低下したのかが見分けられるようになりました。

「注意」をこう定義することによって、人の認知機能の一つである「注意」がいつも一定のレベルの「高い水準」に維持されているわけではないことが観察によって見えるようになります。それは、人のからだの動きを見ていると、ある瞬間、ある数秒間は、かなり高水準の正確さで動いているのに、ある瞬間は不正確になったりするからです。つまり動きの正確さには高低のば

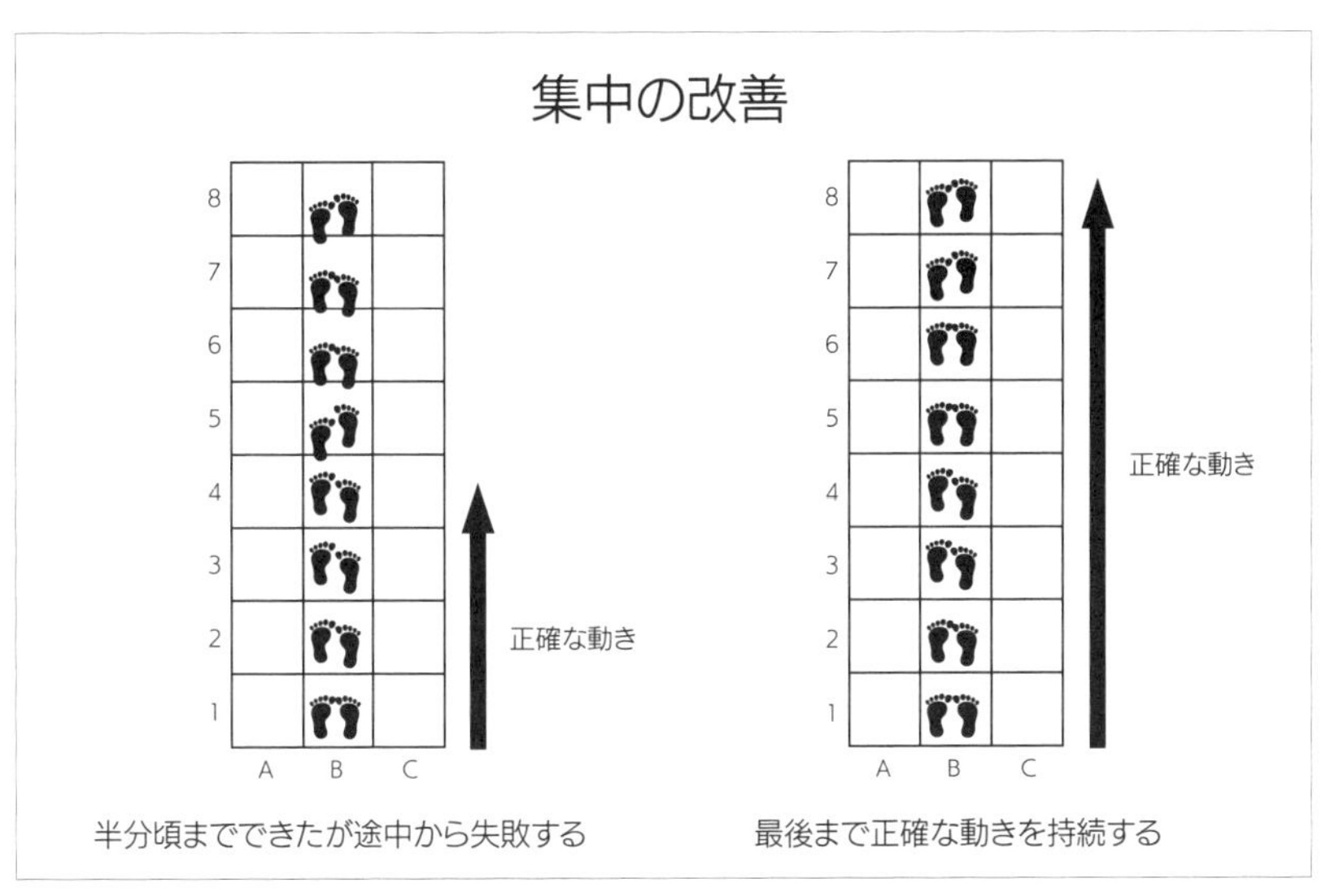

【図6】 集中の改善を示す図。動きの正確さを高く持続できるようになった。

らつきが見られ、雑に動いたり、乱暴で無造作でいい加減に動くことがあるのです。

このような動きの「正確さ」に見られる濃淡のムラを「注意」の働き方の違いとして区別することにします。このような動きの正確さの「ムラ」や「濃淡」も、からだの動きをよく見ているとわかります。そこで、この動きの正確さを高いレベルに維持する能力を「集中」と呼ぶことにしたのです。

例えば、ふまねっと運動は、縦八マスのあみの上を歩いて横切る運動です。この、あみの上を横切っていく全過程を見てみると「注意」のレベルに差があることがわかります。スタート直後の一マス目・二マス目の時点では、「注意」のレベルが高く、正確に歩くことができます【図6】。

しかし、高齢者の練習を見ていると、四マス目・五マス目とすすむにつれて、あみを踏んだり、だんだんテンポがあわなくなったりします。あるいは、油断してふと別のことを考えてステップを間違えたりします。七マス目・八マス目になると、自分のからだがどう動いているかを見失い、何をしているのかわからなくなってしまうこともあります。夢中で歩いているうちに、どちらの足をどのように動かしているかきちんと承知していないことがあります。

これは、スタートした頃は「注意」が高いレベルに維持されていて、からだの動きの正確さを高く維持することができていたのに、三、四歩あるくうちに低下してしまい、注意を高く維持し続けることができなくなってしまった事例です。

「注意」を高い状態に保つことは、同時にたくさんの精神活動を持続しなければならないのでエネルギーが必要です。そのため、高齢者の中には、二マス目を歩く頃にはくたびれてしまって、「注意」を高いレベルに保つことができなくなる人がいます。そのような人の場合、四マス目頃になると、だんだん「注意」のレベルが低下してしまい、動きの正確さが低くなってあみを踏んだり、ステップを間違えたりしてしまうのです。

つまり、「注意」を高いレベルで長い時間（十数秒間）持続できる人もいれば、持続できずに、すぐに（二、三秒で）低下してしまい、動きが不正確になってしまう人がいるのです。

そこで、「注意」を高いレベルに持続するためには、別の精神活動が必要になると考えることにしました。それを「集中」という概念で定義したのです。すなわち、「集中」とは、「動きの正確さを（高い水準のまま長く）持続させる精神活動」と定義しました。

これによって、動きの正確さを「高める」力が「注意力」であり、これとは別に、動きの正確さを高い水準のまま「持続する」力が「集中力」となります。

どちらの力も人のからだの動きの正確さを左右します。そのため、あみの上を歩いている動きを見ていることで、私たちは「注意」と「集中」が改善したり、低下したりする「変化」を追うことができます。

◆「記憶」とは何か

私たちが注目する、もう一つの認知機能は「記憶」です。これは、「注意」や「集中」と比べて比較的わかりやすく定義することができます。

「記憶」は、からだの「同じ動きを再現する精神活動」と定義します。

例えば、ある人が一度、一つのステップができたとします。そこでもう一度、その同じステップで歩くように指示した時に、そのステップが正しく再現できたとすれば、その人にはそのステップの「記憶」が残っていると判別します。

このように「記憶」を定義すると、人のからだの動きから記憶の有無を確かめることができます。また、記憶力が改善したかどうかを見極めることができます。

この「記憶」の定義が有効な力を発揮するのは、認知症の人や認知機能が低下した軽度認知障害と呼ばれる人たちを対象にふまねっと運動を行ったときです。

認知症の人は、今できたばかりのステップをもう一度再現することができないことがあります。時間をおかずにすぐ繰り返してもできません。また、場合によっては、八マスのあみの上を歩いている最中に、今やっているステップが、次の瞬間にわからなくなってしまうことがあります。別のステップにすり変わってしまうのです。しかも、ステップが変わってしまっても本人はそれに気がつきません。

つまり、人の動きを見ていると、その動きの「もと」となるステップの「イメージマップ」が残っているのか失われたのかといった、「記憶」の状況がリアルタイムで手に取るようにわかるのです。

そこで、「イメージマップ」という言葉について説明します。これは、ふまねっと運動のステップができるようになるまでの過程を説明するために説明用に用意した概念です。

ふまねっと運動を行う際は、参加者はふまねっと指導者から、「ステップデザイン」に従って歩くように指示されます。ふまねっと指導者は手を動かしたり、あみの上を実際に歩いてお手本を示したりしながら、参加者に「ステップデザイン」のイメージを伝えます。この時、参加者が記憶したこの「ステップデザイン」を「イメージマップ」と呼びます。参加者は、この「イメージマップ」に従って、実際に自分のからだを動かしてあみの上を歩くのです。

ステップに成功するためには、

①サポーターの説明や手本を見て正しく「イメージマップ」を取得すること、
②この取得した「イメージマップ」に従って、正しくからだを動かすこと、

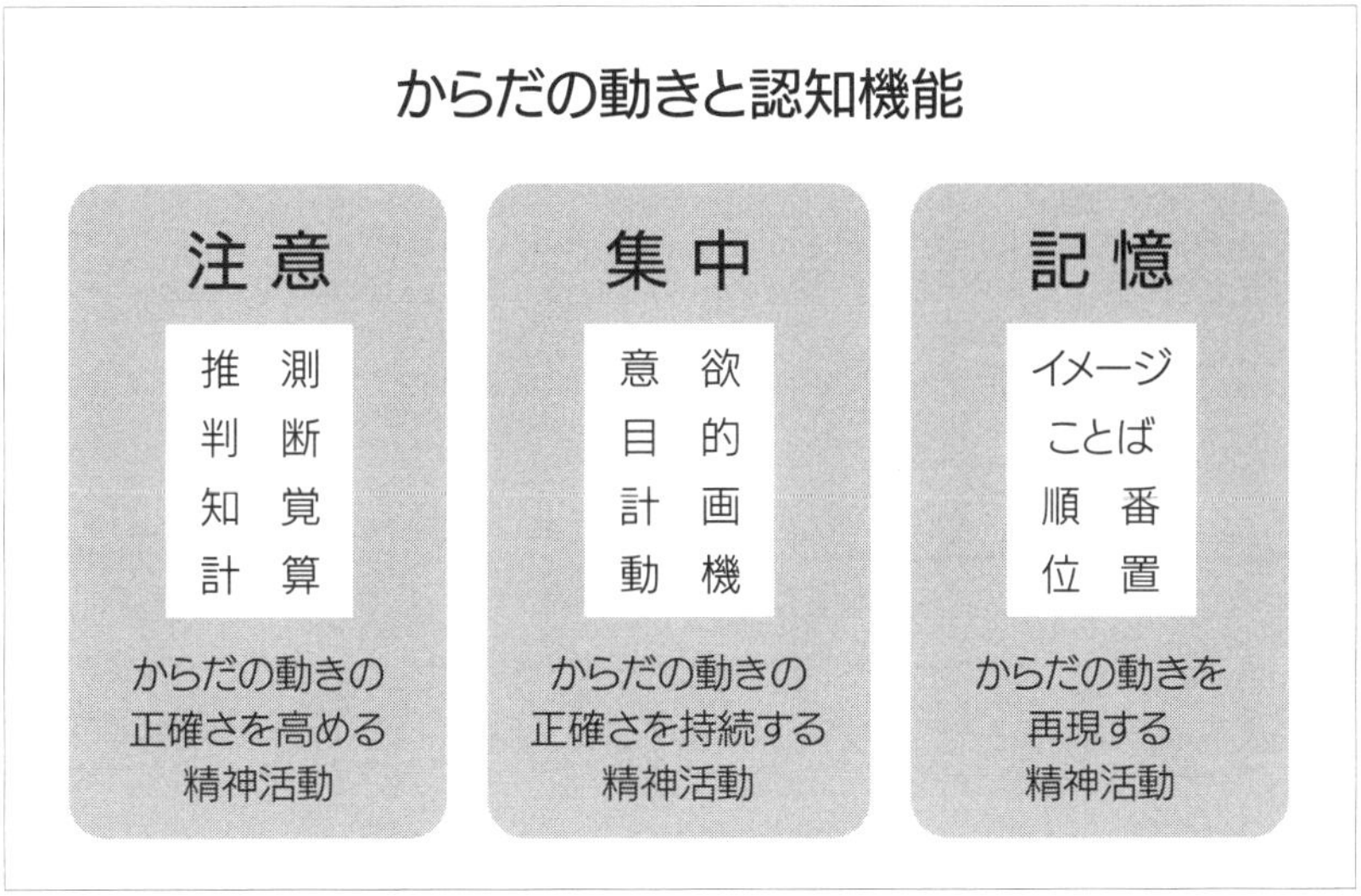

からだの動きと認知機能

注意	集中	記憶
推測 判断 知覚 計算	意欲 目的 計画 動機	イメージ ことば 順番 位置
からだの動きの正確さを高める精神活動	からだの動きの正確さを持続する精神活動	からだの動きを再現する精神活動

【図7】 からだの動きと認知機能「注意」「集中」「記憶」の関係

の二つの条件が必要となります。

したがって、参加者がステップに失敗した場合には、次のいずれかのケースを疑うことになります。一つは、イメージマップの「取得に失敗した」場合で、もう一つは、イメージマップの取得には成功していたけれども、そのイメージマップに従って「正確にからだを動かす」ことに失敗した場合です。前者は記憶に原因があり、後者は注意や集中に原因があります。

ステップに失敗した事例から、この二つのケースを区別することができます。注意や集中が低下、あるいは欠如して失敗した場合は、イメージマップは正しく保存（記憶）されていれば、もう一度やり直せば、また正しいステップを行うことができます。

しかし、記憶が原因で失敗した場合は、失われたイメージマップが戻らない以上、やり直しても正しいステップを行うことはできません。この場合は、誤ったイメージマップに基づいて動いているため、正しいステップができないと判定します。そこで、これはイメージマップそのものが失われている、つまり記憶が残っていないと考えるのです。

◆動きの正確さを高めて認知機能を改善する方法

これらの定義を利用して、ふまねっと運動で認知機能を改善することができます。

ふまねっと運動では、からだの動きの「正確さ」を高めていくことが認知機能の改善につながると考えています。からだの動きの「正確さ」は、「注意」「集中」「記憶」などの認知機能が正常に働いたかどうかを示す手がかりです【図7】。

認知機能を改善するには、ふまねっと運動の練習を行ってからだの動きの「正確さ」を高めていきます。「正確さ」は、次の【表6】を手がかりにしてステップを行っている人の一歩一歩から判別します。例えば、あみを踏んでいた人が踏まなくなったとすれば、それは動きの正確さが高くなったと評価します。そしてそのような動きが増えていくようにふまねっと運動を練習します。

健常者は、この表の中の「正確さが高い動き」を一度で行うことができます。また、認知症の人も、何度も繰り返すことで、この表の中の「正確さが高い動き」ができるようになります。つまり、からだの動きの「正確さを高める」方法は、どんな人の認知機能でも改善できる万能な方

【表6】 動きの正確さの改善を見極める「着眼点」

正確さが低い動き	→	正確さが高い動き
あみを踏んでいた	→	あみを踏まなくなった
リズムに合っていなかった	→	リズムに合うようになった
ステップを間違えていた	→	ステップが正しくできた
手拍子を忘れてしまった	→	手拍子が正しくできた
動きがギクシャクしていた	→	ゆっくりなめらかになった

法なのです。

認知症の人の認知機能を改善する場合は、からだの動きの「正確さを高める」ために、同じステップを繰り返し練習します。この時、ステップを繰り返した回数をカウントすることで、記憶力を二つ測ることができます。一つは、ステップが「できるようになるまで」に繰り返した回数です。これは、「イメージマップ」の取得に要した時間（取得回数）を意味します。もう一つは、「できるようになった」ステップを繰り返し再現できた回数です。これは、「イメージマップ」を保持できた時間（保持回数）を意味します。

健常者は、取得回数が短く保持回数が長いです。しかし、認知症の人はその逆です。取得回数がとても長く、保持回数が短いのです。そこで、認知症の人は取得回数が短くなるよう、保持回数が長くなるように目標にして練習します。

このように、「からだの動き」と「認知機能」の関係を理解して、「注意」「集中」「記憶」などの主要な認知機能の状態を「からだの動き」から見分けることができるようになると、ふまねっと運動を行うことによって認知機能を評価したり改善することができるようになります。

◆在宅で家族の認知症を改善する指導法

そこで、この理論を利用して在宅で認知症の人の認知機能を改善するために行うふまねっと運動の練習方法を一つ紹介します。

【図8】は、ミニふまねっとを使用して行う最も簡単なステップです。ミニふまねっとは、新聞紙などを使って手作りします。作り方は「おうちでふまねっと」ホームページ（本書三五ページにQRコード）を参照してください。一二枚の新聞紙を利用して、約七分程度で一つ完成します。これが手作りのミニふまねっとです。このミニふまねっとの準備ができたら、やってみましょう。

①まず、ステップ1を行います。あみを踏まないように注意して歩きます。

②歩くテンポは、毎分五〇回／分から始めて、徐々に四〇回／分までゆっくりにします。

③踏まないでできるようになったら、ステップ2を行います。〇の印のところで手拍子を追加します。これができたら、手拍子の位置を変えてみましょう。

このようにステップの練習を行いながら、【表6】に示した「からだの動きの正確さ」を高めていくだけです。できた時にはよろこんでほめてあげるとよいでしょう。すると、はじめはあみを踏んでいたのに、だんだん踏まないで歩けるようになっていきます。それは、「からだの動きの正確さ」が高まったと同時に、「注意」「集中」「記憶」などの認知機能が高まったことを意味していると考えられます。

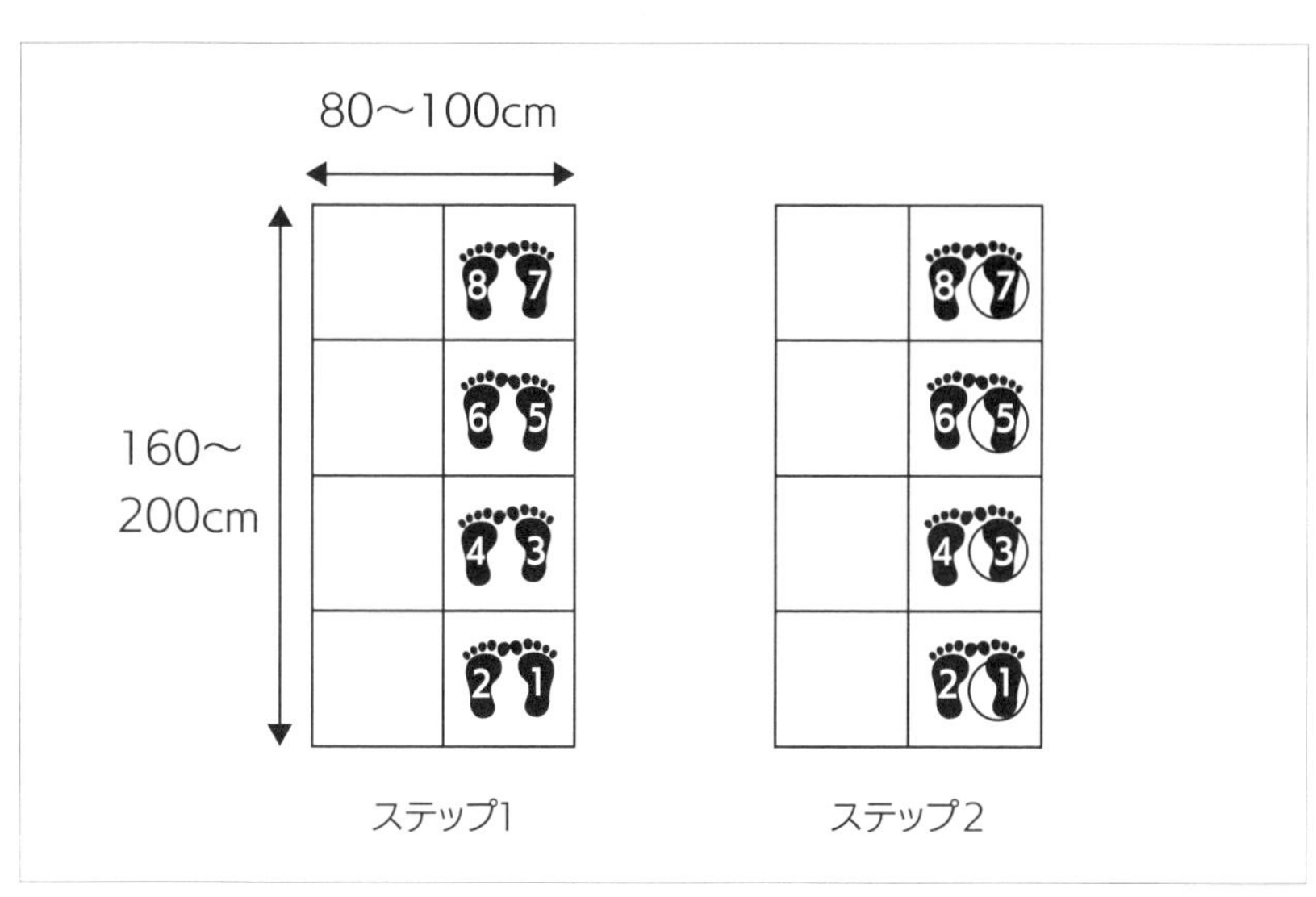

【図8】 在宅で家族の認知症を改善するふまねっと運動

認知症の人を対象に、ふまねっと運動の練習をする際に注意しておくことがあります。それは、ふまねっと運動を「教える家族」と「教わる認知症の人」の間のコミュニケーションを成功させるために必要な注意です。

例えば、ふまねっとのステップができるかどうか、認知症の人を「ためすような目で見ない」ことです。まわりの人の存在などの「環境要因」が認知症の人の練習に影響を及ぼすことがあるからです。

そのため、認知症の人に影響を及ぼす「環境要因」を知っておくことは重要です。ふまねっと運動を練習する時に、認知症の人は簡単なステップでもなかなかできないことがあります。その時に、横にいる人があせらせたり、ためすような目で見たり、できないことを指摘してはいけません。また、おかしくても笑ったりしてはいけません。

認知症の人は、自分が何か失敗をしていないだろうかと強い不安を感じています。このような不安な心理状態を持っていることは、ふまねっと運動を行う条件として不適切です。ステップを練習することに集中することができないからです。

そこで、ふまねっと運動を練習する時は、ステップができたかどうかをいちいち厳しくチェックするような監視の視線をしないように心がけてください。できるだけ、簡単なステップから始めて、からだを動かしながら緊張を解くようにします。そうして警戒心を解きながら、心理状態をできるだけやわらげていく必要があります。それは改善効果を高めることにつながります。

その他にも認知症の人の記憶やからだの動きに負の影響を与える要因がいくつか考えられますので、これらの負の影響をできるだけ取りのぞいておくことが重要です。それはからだの動きの正確さを高めることに役立つと考えられます。

◆認知症の人の「動きの正確さ」に影響を与える指導者要因

認知症の人がふまねっと運動を行う時に、「動きの正確さ」に影響を与える要因として、①認知症の本人が持つ「本人要因」と②ふまねっと運動を教える人が持つ「指導者要因」の二つに区別することができます。

【表7】 認知症の人の記憶に負の影響を与えるディスターブ（妨害）要因一覧

時間	時間は記憶を妨害します。経過時間が長くなるほど記憶は薄れていきます。
方角	本人が向いている方向や動いている方角が変わることは記憶を妨害します。
人	そばで見ている人の視線や話している人の会話は記憶を妨害します。
音	電話、玄関の呼び鈴のピンポン、道路の車や騒音、ドアの開閉の音、電子レンジのチン、洗濯機やポットの音、生活音全般の雑音。カラスの声。
部屋	部屋の明るさ、暗さ、電灯がチカチカすること、におい、ちらかり、よごれ、整理整頓が乱れた状態。
体調	空腹、満腹、うつ、頭痛、腰痛、膝痛、既往症状。
薬	睡眠剤、安定剤、その他覚醒時の精神状態に影響する薬品。
気分	いらいら、落ち着かない、被害妄想、周辺症状、不機嫌、感情のムラ。
天気	気圧、気温、雨、晴れ、台風、暑さ、寒さ、風、雪や雷。

①の「本人要因」は、認知症の診断・症状の重さ・身体的障がい・歩行機能・うつなどの精神状態・睡眠剤や安定剤などの薬の種類や数・食事や栄養の状態・睡眠時間・性格・生活や経済状態などです。この「本人要因」は自由に変更することが難しい要因です。これに対して②の「指導者要因」については、ふまねっと運動を行う時に指導者が注意することで条件を良好に保つことができるものがあります。指導者が注意することは次のようなことです。

● 教える人の指導技術・人柄・参加者との親密さや信頼関係・ふまねっと運動の指導経験が影響します。

● ふまねっと運動をどれくらいの頻度（毎日なのか週に一回なのか月に一回なのか）で行うのか、実施する時刻は何時かなどが影響します。

● 教える人の「視線」や「言動」は影響します。ゆっくりと大きな声で優しく語りかけることが大切です。

● 教える人が強制や圧力によって、認知症の人の意志に反して運動を行わせることは、負に作用します。訓練的にならないような声のトーンや配慮が必要です。

●教える人が認知症の人をあせらすこと・せかすこと・じっと待てずに急がせることは負に作用します。

これらの教える人が持つ「指導者要因」によって、同じふまねっと運動でも練習の効果が変わってきます。個別に練習の記録をとる時に、これらの項目についても同時に記録しておくことが必要です。

この他に、認知症の人の「記憶」の保持に負の影響を与える要因を「ディスターブ（disturb、妨害）」と呼ぶことにしましょう。そして、その影響を考慮に入れてできるだけ少なくなるようにします。「ディスターブ」は【表7】に示したとおりです。

◆上下関係（序列）を作らない工夫

以上のような、「指導者要因」や「ディスターブ」の他に、認知症の人のふまねっと運動の練習成果を高めるために工夫できることがいくつかあります。その一つが「関係制」です。

ふまねっと運動を行う時には、「認知症の人」や「認知機能が低下した人」などの「教わる人」と、ふまねっと運動を「教える人」との「関係」が重要です。

「教える人」になる方は、スポーツの指導者のようなしゃべり方で「認知症の人」に教えてはいけません。運動を「教える－教わる」という師弟関係（学校の授業）や「やらせる－やらされる」という支配関係（職場の命令）で教えてはいけません。また、運動ができたかどうかを「ためす－

【表8】「教わる人」と「教える人」との関係でさけるべき関係のモデル

あなた	認知症の人	2人の関係	場所	評価
教える	教えられる	師弟関係	学校の授業	×
やらせる	やらされる	支配関係	職場の命令	××
ためす	ためされる	監視関係	病院の検査	×××
さそう	さそわれる	コーチ選手関係	クラブ活動	○

ためされる」という監視関係（病院の検査）にならないようにしなければなりません。これは、「教える人」が自分の言動を厳しく自己規制や監視できるかどうかに関わっており、実践が問われる難しい点です。

そこで、このような不均衡な上下関係になることを防ぐために、「教わる人」を「選手（プレイヤー）」と呼ぶ方法があります。「認知症の人」や「認知機能が低下した人」、その他に、ふまねっと運動をやりたい人は、だれでも「選手」になることができます。

また、「教える人」になる家族や友人・介護福祉士・看護師・作業療法士などの周囲の親しい皆さんを「コーチ」と呼ぶことにしましょう。「選手」の自主性を養うのが「コーチ」の役割です。そのように呼ぶことにすれば、二人の関係が「監視関係」や「支配関係」「師弟関係」になるのを防ぐことができます【表8】。

ここで私たちが、ふまねっと運動を利用して認知機能を改善する人たちには、重度の認知症の方から軽度認知障害の方、一般健常者まで含まれます。認知症の診断がなくても、高齢になって物忘れやうっかりミスが多くなってきた健常者も、皆さん「選手」になって、いっしょにふまねっと運動の練習をしてほしいと思います。

◆失敗や間違いを指摘しない

認知症の人たちの中には、「今自分がどこにいるのか」「何か間違えてはいないか」と不安を感じている人がいます。そのような人はびくびくしたりおどおどしているように見えます。そのような人たちが不安を感じなくてもすむようにして、楽しくふまねっと運動に専念できるようにしましょう。

そのためには、どんなことがあっても間違いを指摘しないでください。また、あなたが間違いを探すようなこと(目)はしないでください。ふまねっと運動中に、ステップを間違えたり忘れてしまったりしても、それを指摘しないように努めてください。間違いを指摘すること、そして間違いを直すことはふまねっと運動では不要です。

そのため、ふまねっと運動の指導中には間違いを直さないようにします。その代わり「選手」がステップを間違えたら、「コーチ」は正しいお手本を何度も見せることにします。そして認知症の人がそれができるまで何度も繰り返し、ねばりづよく練習するようにします。

ふまねっと運動の特徴は、ステップを何度も間違えても気にしなくてよいところです。ふまねっとの特徴をよく理解したうえで、ふまねっと運動をずっと継続してください。それは必ず認知機能を改善し、笑顔で自立した生活を保つことにつながるでしょう。

◆筋トレの先入観を持たない

一般的な人たちの中には、「運動」というと「筋肉をきたえるために行うものだ」という固定観念をお持ちの方がいます。しかし、このような固定観念を持つ人はふまねっと運動を正しく指導することができません。

なぜなら、ふまねっと運動は筋肉をきたえる運動ではないからです。ふまねっと運動は、床に敷いたあみをよく見て、これを踏まないように注意してゆっくり慎重に歩く運動です。また、歌に合わせたり音楽に合わせて歩く運動です。そして、ステップができた時にはハイタッチをして他の人と喜びを共有する運動です。

もし皆さんが「運動は筋肉をきたえるために行うものだ」という固定観念を持っている人だとすると、ふまねっと運動の指導中に「足を高く上げて」歩きましょうとか、「ヒザを深く曲げて」とか、「歩幅を広くして」などの注意をしてしまう恐れがあります。「筋力をきたえなければならない」と思い込んでいるからです。これでは筋力トレーニング（以下、筋トレ）と変わりません。筋トレの先入観を持って指導してしまうと、ふまねっと運動が、つらく、苦しい、上達するための訓練になってしまうのです。すると二度とやる気が起こらなくなってしまいます。ふまねっと運動では、このような指導は行わないように注意してください。

筋肉をきたえるのはあとまわしです。それよりも先に、コーチが選手をはげましたり、歩行中のバランスを改善したり、注意や記憶や集中といった認知機能を改善するのがふまねっと運動の目的です。ふまねっと運動にはいろいろなステップがあります。はじめはだれでもステップを間違えるので、できるまで何度も繰り返し楽しく練習するのがポイントです。

◆ふまねっと運動の場所を決める

ふまねっと運動を利用して確実に効果を上げようと思ったら、実施する「場所」と実施する「時間」の二つを「決定」して絶対に動かさないことです。

まず、ふまねっと運動を行う場所を探しましょう。必要な広さは、四畳半から六畳間程度です。和室でも洋室でもかまいません。インターネットに接続してオンラインで映像を見ることができるように、ネットワークの通信環境がよい場所を選んでください。

周辺の音が大きな場所では、あまり集中して運動に取り組むことができません。できれば、静かな場所のほうが落ち着いてできます。また、ふまねっと運動を行う時に、歌や音楽を使いますす。そのような音が出ても差し支えがないような場所を選んでください。

フローリングや畳の上で行う場合、すべるので注意が必要です。上靴を用意するか滑り止めがついた靴下を準備してください。

明るさも必要です。ふまねっとがはっきり見えるように室内を明るくしてください。

耳が遠い高齢者、視力が低下した高齢者、杖を使う高齢者、その他の障がいを持つ高齢者が対象の場合、それぞれのニーズに合わせた対応や準備をしてください。

◆ふまねっと運動の時間を決める

認知機能が低下した人を対象としたふまねっと運動は、できるだけ毎日行うことをすすめます。最低でも一週間に二回の練習が望ましいです。そのためには教える人になる「コーチ」が、「選手」の生活に合わせて時間を調整します。おそらくこれが一番大きなハードルでしょう。

私の父の例を紹介しましょう。私の父は八〇歳で認知症になりました。その時、私の妹が毎週二回、ふまねっとの練習のために実家に通ってくれました。この当時、ふまねっとの練習は、毎週火曜日と木曜日の午前一〇時から一一時の間と決めていました。そしてこれに母も参加し、夫婦二人でいっしょに練習しました。

半年以上続けた頃、父の歩行や認知症の症状は改善し、要支援認定がはずれることになりました。失禁もほとんどなくなりました。一年が経過した頃にかかりつけ医が行った長谷川式の認知機能検査では一年間で一三点から二六点に改善しました。改善はゆっくりですが、あせらず気長に、辛抱強く続けることが大事だと思います。

ご家族の方には、それぞれ別の生活がありますので、その中から共通の時間を毎週二回、二〇分から三〇分程度の時間を作りだすことは大変だと思います。しかしそれさえできればふまねっと運動を継続して行うことができます。そして認知症を軽減する、改善することができるのです。

第三章
高齢者を指導者として養成する方法

◆高齢者を主戦力として指導者を養成する

ふまねっと運動の目的は、高齢者の認知機能や歩行機能を改善することだけではありません。

私たちのねらいはさらに上流にあります。それは高齢者をこのふまねっと運動の「指導者」として養成し、社会から必要とされる人間になるために地域で活躍する機会を提供することです。

私たちは、日本中の高齢者をこのふまねっと運動の指導者として養成し、地域住民を対象に健康づくりを推進する「住民主体の健康づくりボランティア活動の担い手」にしたいと考えています。そうすれば高齢化や過疎化が進む地域でも、住民の力で健康を維持し、仲間づくりや交流を広げていくことができます。

つまり、ふまねっと運動は高齢者の手で健康づくりとまちづくりの両方を担うことを目的としているのです。

そこでこの章では、全国の各市町村で「通いの場」などの活動の担い手として、高齢者をふまねっと運動の指導者として養成する方法を紹介します。これを、どのような手順で進めていくのがよいのかについて解説します。

それにはまず、当事者である高齢者の意識を地域に向ける必要があります。自分の地域に関心を持ってもらい、何か社会の課題を解決しようという「地域に貢献する意識」を持ってもらう必要があります。そして高齢者に、地域福祉の「受け手」ではなく「担い手」になろうという意志を持ってもらうこと、前向きな意欲を高めてもらうことが必要です。「意識改革」をすすめるのです。

「高齢者にこのような意識改革は難しい」。こう考える市町村の職員が多くいらっしゃいます。私たちが出会った市町村の職員のほとんどがそうでした。多くの職員が、「地域の課題をみずから解決しようとする住民や高齢者は、わが町にはいないのではないか」と言います。読者の中にも、高齢者の「意識改革」は難しいと考える人がいるかもしれません。

高齢者の住民が「わがまちのために貢献しよう」と奮起するのは、たしかに簡単ではありま

【写真10】 2018年11月30日、比布町役場の福祉センターで行われたふまねっとサポーター研修会。

せん。ところが、ふまねっと運動は、この高齢者の「意識改革」に数多く成功してきました。そして、四〇〇〇人以上の全国の高齢者がふまねっと運動の指導者となって福祉の担い手として活動しています。

つまり、私たちは、ふまねっと運動の指導者になって社会貢献をしようという意識がある高齢者が数多く存在することを確信しているのです。

また、そのような高い意識を持つ高齢者は、今日の私たちの時代に少なくないとも実感しています。ふまねっと運動を、こうした高齢者の意識や意欲を引き出すツールとして利用するポイントは、健康づくりが「簡単で、楽しくて、自分でもできる」ことを「ふまねっと運動」を実体験して理解してもらうことです【写真10】。

◆高齢者の意欲は高い

ふまねっと運動を利用した高齢者の人材養成の講習会はすでに一〇〇〇回以上行われました。初回は、二〇〇五年（平成一七年）六月に北海道の釧路（くしろ）市から始まり、隣接する白糠（しらぬか）町・浜中（はまなか）町・弟子屈（てしかが）町といった小さな町に広がりました。東京都内では、二〇〇九年から三鷹（みたか）市で行われるようになりました。

二〇一三年からは、東日本大震災の被災地である宮城県石巻（いしのまき）市や女川（おながわ）町でも盛んになりました。どこも、六〇代から八〇代の高齢者が中心になってふまねっと運動を指導しています。現在では、全国の都道府県でふまねっと運動の指導者が誕生し、社会貢献のために活躍しています。

ふまねっと運動の指導者となった高齢者が、この活動を長く続けていることも重要です。釧路市の初代の高齢者は、指導者になって一六年目を迎えた二〇二一年でも活動を続けています。これは最長ですが、同じことが近隣の浜中町・白糠町でも続いています。

東京都三鷹市では、当時、看護師長だった瀬野佳代さんのご尽力により、井之頭病院の作業療法室を借りて、二〇〇九年（平成二一年）からふまねっと運動が始まりました。この活動も、病院の職員ではなく、地域住民が主力となる役割を果たし、始まってからすでに一〇年を越えました。宮城県の女川町では、大震災の翌年に仮設住宅に住む被災高齢者がふまねっと運動の指導者となりました。そして、今日まで住民活動として続けています。これもすでに七年が経過しています。

年月を重ねれば、その分、活動する高齢者も年をとります。しかし、ふまねっと運動に参加している高齢者は、長く続けるほどあぶらがのってイキイキしてきます。年齢は増えますが、それによって活動が低調になることはありません。

さらに、これらの活動は市町村役場からの補助金や助成金などの支援をあてにしないで、一〇〇パーセント自主的活動として自立運営されているボランティア活動です。

では、どうやってこれらの高齢者の意識改革が成功したのか。高齢者がふまねっと運動の指導者として社会参加し、継続してできるためにはどうしたらいいのか見ていきたいと思います。

◆高齢者が指導者になるまでの手順

これまで家庭の中で過ごすことが多かった高齢者、特に主婦だった年配の女性は、あまり社会的な活動をした経験がありません。また、会社サラリーマン退職後、家庭で過ごすことが多くなった高齢者は、地域住民とのコミュニケーションに困難を感じる場合があります。

このような高齢者が、「ふまねっと運動の指導者をやってみたい」という気持ちになるのは難しいように見えます。また、実際に地域の健康づくりボランティア活動に五年・一〇年と継続して取り組むように支援するためにはどうしたらいいでしょうか。

高齢者の意識改革をすすめるポイントは、自分の力でできそうな「①実現可能性が高い簡単な活動」を紹介することと、またその活動が地域の課題解決の役割を果たす効果があるという「②意義」を示すこと、そして、活動自体が「③楽しい」もので、さらに、周囲の人から感謝されたり頼まれたりするような「④やりがい」のある活動であること、などのいくつかの条件をクリアすることではないかと考えています。

ふまねっと運動は、高齢者でも指導できる簡単な運動です。そして、この運動を行うことで、地域の高齢者に居場所を提供したり、交流の機会を提供することができます。また、運動自体がとても楽しく、何度も繰り返しやりたくなる運動です。そして、この運動を指導することで参加者から感謝されたり、ほめられたりするので、自分がやったことに周囲からの「承認」を得ることができます。そのため、これが高齢者の意識改革をあと押ししていると考えられます。

そこで、まずはじめに、これらのふまねっと運動の「好条件」を高齢者に上手に伝えることが高齢者の「ふまねっとサポーター」の人材養成につながります。それは次のような手順ですすめていきます【表9】。

◆講演会で意識改革と新しい選択を提示する

ふまねっとサポーターの人材養成の手順を一つずつ詳しく見ていきましょう。

【表9】 高齢者を健康づくりボランティア指導者にするまでの行程表

講演会	ふまねっと運動の目的、ボランティア活動の意義を学ぶ。ふまねっとサポーター資格の内容と費用、権利と責務を説明。ふまねっとサポーターの理念とやりがいを説明する。
体験会	ふまねっと運動の楽しさ、効果、簡単さを体験する。
講習会	指導実習してふまねっとサポーター資格を取得する。
自主練習	ふまねっとサポーターが集まって、健康教室の練習をする。
ミーティング	健康教室の計画を立てる。団体の活動規約を作る。
教室準備	参加者の募集のためのチラシを作成する。
活動参加	役割の重要性、職務満足、顧客満足。
リハーサル	教室の事前リハーサルを行い、役割分担する。
健康教室本番	地域住民を対象に健康教室を開始する。
研修	フォローアップ研修を開き成果を確認する。基本の復習。

はじめに、一般地域住民向けの講演会を行います。目的はふまねっと運動の理念と効果を紹介することと、ふまねっと運動の指導者となって地域で活動する人材を発掘することです。

講演会のタイトルは、「健康づくりとまちづくり」です。つまり、地域の仲間の健康づくりに取り組むことが自分の健康づくりにつながり、まちづくりにもつながるというテーマで講演会を開きます。ここで、健康づくりは単に個人的な活動として行うのではなく、公益的な活動であり、みんなでいっしょに取り組む自治活動としての意義があると学びます。

講演会を開くためには、市町村役場や社会福祉協議会・教育委員会、あるいは地域包括支援センターなどの連携協力や後援が必要です。そのため、この講演会を開催する前に、市町村の職員がふまねっと運動の目的や社会的意義を理解していることが必要です。また、市町村が健康づくりや介護予防のために、住民自身が主体的に取り組む活動が重要であると認識している必要があります。

　さらに重要なことは、市町村長が講演会に出席することです。住民の健康づくりは、従来のように市町村役場が主導して行うのではなく、これからは住民の手ですすんで行うことを市町村も応援すると活動を公認するためです。そして、住民が自立して主体的に取り組む健康づくり活動を市町村が行う公式事業であると発表することです。市町村が握っていた健康づくりの「裁量」を、住民の手に「引き継ぐ」という大きな意義があります。

　そうすることによって、これから行われる住民主体の健康づくり活動が一部の住民の「私的な活動」ではなく、市町村の住民の健康づくりや福祉活動に住民自らの負担と意志で取り組んでいる「公益的自治活動」であること、それは市町村の福祉やまちづくりに貢献する公共事業であると「承認」することにつながります。それが、今後、住民が主体的に健康づくりを始める「第一歩」として重要です。

　講演会では、ふまねっと運動とは何か、その理念や目的、これまでの実績などをふくめて、映像を見ながら説明します。

　映像は効果がわかりやすい事例を紹介します。杖歩行の人・車椅子の人・認知症の人がふまねっと運動を行った後で、歩行や認知機能が改善した事例、表情が明るくなる事例を紹介します。参加者が実際に効果を実感することができます。

　つづいてふまねっと運動の指導者資格である「ふまねっとサポーター」の説明をします。この資格は、高齢者が指導者になるために開発されたと紹介します。

ここで、高齢者が運動の指導者になることの今日的意義、それによって仲間づくり・まちづくりを高齢者が担うことの意義を説明します。

そしてさらに、指導者になるための条件があることも伝えられます。それはこのふまねっとサポーターの資格を取得するための講習会は「有料（二〇二一年現在七〇〇〇円）」であることです。受講料は高齢者自身が負担して支払うものであり、「高齢者」と言っても割引やおまけはないこと、これまでも四〇〇〇人以上の受講者が自己負担していることを紹介します。それだけではありません。継続して活動するためには、毎年ＮＰＯ法人の年会費（三〇〇〇円）がかかることも説明します。

ここが、講演会の最も重要な局面です。聞いている高齢者の表情は、受講料のあたりで、とてもけわしくなります。なぜ、ボランティア活動をするのに、お金を払って資格を取得しなければならないのか。皆さん、そう思われます。

参加者からは「お金を払って、このふまねっとサポーターの資格を取得したら、少しはもうかるのかい？」という質問が出ます。

そこで、私は一呼吸おいてこう答えます。

「一円も、もうかりません」

すると、けわしかった会場の高齢者の顔が、一気にほっとゆるんでいきます。そして、会場内の緊張がとけてやわらかくなるのです。これはとても不思議な瞬間です。また、どこでも同じです。

講演はさらに続きます。ボランティア活動であるから、やめたくなったら、いつでもすぐにやめることができます。しかし、全国にはやめたくならないふまねっとサポーターが増えています。つまり、自分でお金を払って、ボランティアをしている人が、二〇二〇年現在は四〇〇〇人まで増えたことも伝えます。

なぜ、ふまねっとサポーターをやめたくならないのか。そのことを会場の参加者といっしょに考えてみます。

それは、サポーターにはふまねっと運動を教えてくれという「リクエスト」がたくさん届くからです。これは出番が多いことを意味します。また、教えてあげると「よろこばれる」からです。そして、活動を通じて「感謝」されるからです。そのことで「必要」とされていることがわかります。

また、ふまねっとサポーターは、ふまねっと運動が上手にできるようになった参加者を「ほめて」あげることができます。逆に、失敗したときには「だいじょうぶだよ」と励ましてあげることができます。そのうちに、参加者が上手にできるようになったら、いっしょによろこんで、「ハイタッチ」することができます。

「役割」や「出番」を作り、感謝される活動ができる。それがふまねっとサポーターのやりがいにつながり、生活に責任感や緊張感を与えます。はりきって練習や準備をしたくなるように前向きに変えるのです。講演会では、このような実例を映した写真や映像を見ます。こうして、多くの高齢者がふまねっとサポーターに興味を持ち、一歩すすむ決心をかためます。

◆「間違えても気にしない」は「劣等感」を防ぐ

ふまねっと運動は、横で見ていると簡単そうに見えます。しかし、実際にやってみると難しい運動です。そして、自分のからだが自分の意志で自由にならないことに気がつきます。また、高齢になればなるほど、あみを踏まないように歩くことが難しくなります。体験会ではこうした自分のからだの「不自由さ」の発見ができます。そして、ふまねっと運動の特徴である多重課題運動プログラムを体験することで、歩行や認知機能の改善効果があることをあらためて体験することができるのです。

この体験会には、もう一つ大きな目標があります。それは、「間違えても気にしない」というふまねっと運動特有の方針を伝えることです。

一般の方々には、運動に対する劣等感やコンプレックスを持つ人が意外に多くいます。そのような方々は、ステップができなかった時の不安や、恥をかいたらどうしようと心配してしまうので、ふまねっと運動に参加しないことがあります。それはもったいないことです。

そこでステップの練習を始める前に、「間違えても気にしない。ステップを間違えても、胸を張って、大きな顔して、堂々と歩いてください」と、ふまねっと運動の方針を伝えるようにします。すると会場内がなごやかになり、はりつめていた緊張感や警戒心がやわらぎます。そして、もともと運動が苦手な人でも安心して参加できるようになるのです。

参加者は一〇人程度のグループに分かれて、ふまねっと運動を体験します。はじめに各班で自己紹介をします。住んでいる町内と名前を言います。まわりの参加者は拍手をして歓迎します。これは、これからいっしょに協力しながら活動をしていく仲間になる皆さんと関係作りの第一歩です。この際、すべての参加者に名札を用意しておいて、自己紹介の前につけてもらうようにしています。名前がわからないと、会話も挨拶もしにくいからです。

体験会では、あみという危険な障害物の上を歩くこと、ふまねっと運動が予想以上にゆっくりした運動であることをはじめて体験します。

ステップは、初心者用のステップを体験します。簡単なステップですが、手拍子を加えたり、歌に合わせて歩いたりするステップを行って難しくなることも経験します。そして、もし可能であれば、その会場に、ふまねっとサポーターになってすでに活動している先輩高齢者に参加してもらい、実際に指導や手本をしてもらいます。すると、同じ高齢者が指導者となって活動している現実の姿を見ることができます。これはとても説得力があります。

この体験会の中で、参加者に「あなたもふまねっとサポーターと呼ばれる指導者の「資格」をとって、地域で活動をしてみませんか」と誘います。この時、チラシも用意しておきます。そして、この体験会の後一カ月から二カ月後までに、ふまねっと運動の指導者資格を取得するための「ふまねっとサポーター講習会」を開催します。

すると、この体験会や講演会がきっかけとなり、新しい社会活動に挑戦してみようという気持ちになった高齢者がふまねっとサポーター養成講習会に参加します。こうして参加した市民が、「ふまねっとサポーター」になります。

◆受講者を集めるには地域で「根回し」

「講演会」と「体験会」が成功したら、いよいよ「ふまねっとサポーター養成講習会」の準備を始めなければなりません。

受講者の募集は、市町村と連携して行うことが重要です。まず日にちと会場を決めて、チラシを作成します。そして市町村の広報などで案内します。また、受付窓口を設置して、住民からの申込みを受け付けやすいような体制を整えます。これがはじめの準備です。

この準備が整ったら、市町村役場と連携して、二つのルートで講習会の案内を回して受講を呼びかけます。これは、いわゆる「根回し」という事前の準備です。

「根回し」という語は、「樹木を移植するに先立ち準備する一連の作業」のことを意味しますが、これが転じて、「物事を行う際に事前に関係者からの了承を得て段取りをすませておくこと」を意味する言葉になりました。

「根回し」という語はあまりいい印象を持たれていないようですが、地域で新しいことを始めようとする場合にはこの「根回し」はとても大切です。なぜなら、ふまねっと運動を始める前から、地域には、長く力を尽くしてきた先人たちがいるからです。まず、その方々に敬意を払い、先に協力をあおぐために事前のあいさつ回りをする必要があるのです。

あいさつ回りの一つ目のルートは、既存のボランティア団体や健康づくりの先輩指導者の皆さんです。多くの市町村では、すでに「介護予防サポーター」や「認知症サポーター」などの住民ボランティアを養成している経緯があります。また、全国で取り組まれている「いきいき百歳体操」などの運動プログラムに熱心に取り組んでいる方々がいます。そこでこれらを担当してきた理学療法士や関連施設の専門職の方々にふまねっと運動を紹介して挨拶しておくのです。

もう一つは、町内会・老人クラブ・民生委員などの役員をやっている人、各地域でリーダー格として活動している住民に声をかけます。そして「地域で取り組める運動の講習会があるので、よかったら健康づくりやまちづくりのために指導者になってみませんか」と誘ってください。各団体の首脳部の役員に声をかけ忘れないようにすることが大事です。

いずれのルートの根回しも、すでに実践している方・功績のある方々に対する敬意を表するために行う挨拶です。

このような事前の「根回し」は、住民のボランティア活動を支援するうえでとても重要です。それは、ふまねっとサポーターになった住民が、後日、活動を始めた時に、地域の住民がこれに協力し歓迎して迎えてくれることにつながるからです。

もしこの「根回し」をしないで、ある日突然まちの中に「ふまねっとサポーター」が誕生してしまったら、地域のリーダー住民から「なんでおまえが指導者なんだ」とか、「いつの間に指導者になったんだ」と反発や抵抗をされてしまうことがあります。それでは、せっかく地域のために貢献しようとしているふまねっとサポーターが活動を始めにくくなってしまうのです。地方の市町村ほどそのような傾向が見られます。それは同じ町の住民同士、どこのだれかをみんなが互いに知っているからです。

地方ではそれぞれの地域で、住民には各自の地位やコミュニティーの中の役割、慣例的な「ポジション」というべきものがあります。その地域でリーダーを務めている人はいばっています。そのような人には、サポーター養成講習会の案内をかならず耳に入れておかなければなりません。それをしないで頭越しに地域に新しい指導者が誕生してしまうと、「俺は聞いてない」「そんなもん知らん」「協力しない」とへそを曲げてしまうことになります。

逆に、これらのリーダー格の人には事前に足を運んで案内を持参し、「ぜひふまねっとサポーター講習会を受講して指導者になってください」と頼んでおくと、衝突や抵抗を回避することができます。地域のリーダーはたとえ受講ができない場合でも、「いや、俺は受講はできないが、協力や応援はする」と答えてくれるでしょう。

このような「根回し」は、市町村の職員しかできない仕事です。この「根回し」を十分に行っておくことによって、受講者をたくさん集めることができます。また、地域住民が安心して受講しやすくなります。講習会後に各地域コミュニティーにおいて、ボランティアの皆さんが活動を始めやすくなります。

高齢者がふまねっとサポーターになって活動してみようという気持ちになるかどうかは、地域の人間関係やしがらみの中で決断することになります。小さなまちでは現在進行中のさまざまな人間関係やつきあいがあり、いわば多少の不自由の中でやりくりしながら住民は生活しています。そのため市町村の役割は、講習会の案内をできるだけオープンに行って、市町村全体で取り組んでいることを周知し、住民が地域でできるだけ参加しやすい環境を準備してあげることになります。

このような手続きが、地域に新たなボランティア人材を発掘するために必要なのです。これは、私たちがＮＰＯ法人として地域でボランティア活動をしてきた経験の中で失敗を多くかさねて学んだ知恵＝「ノウハウ」です。

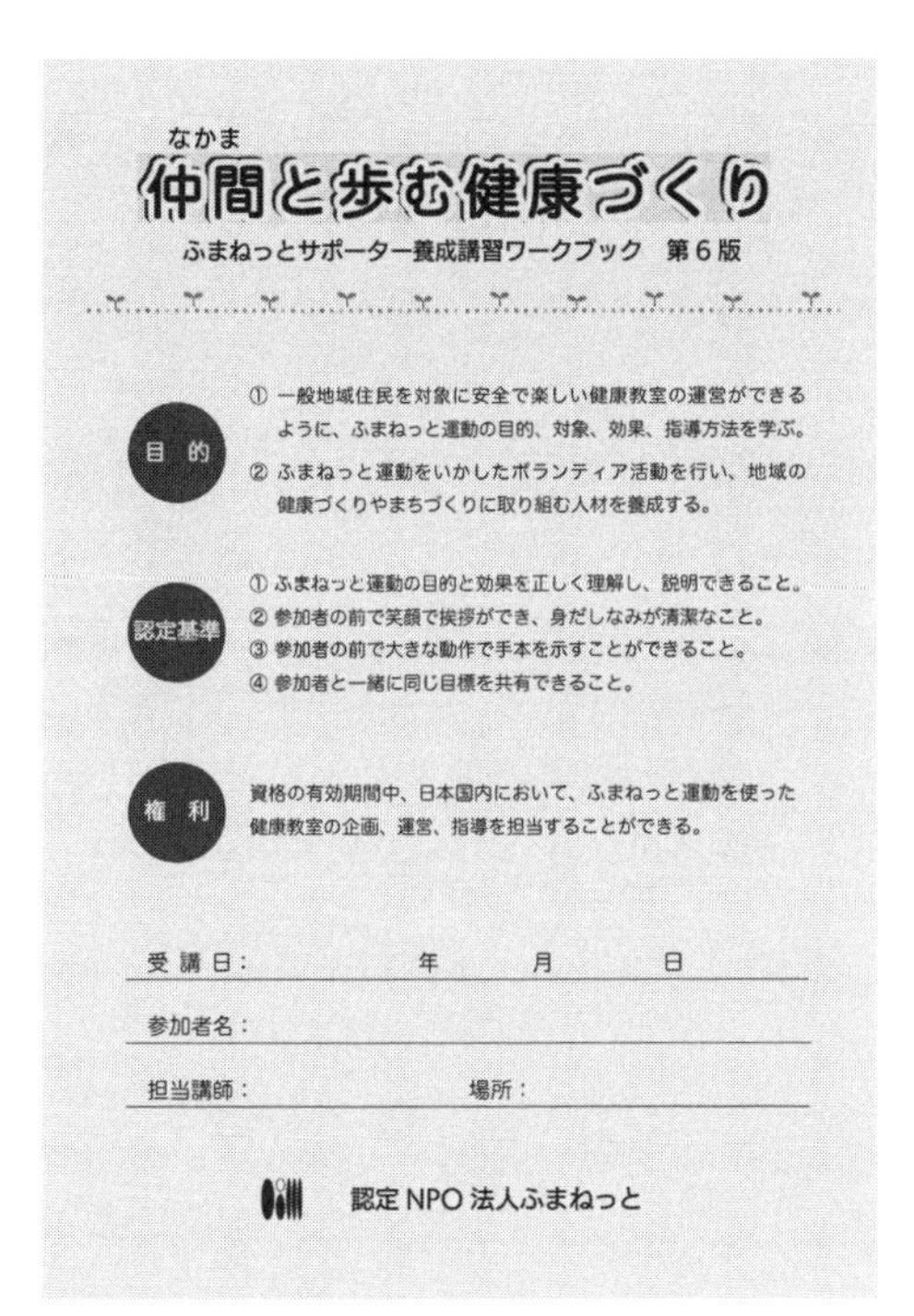

仲間（なかま）と歩む健康づくり

ふまねっとサポーター養成講習ワークブック　第６版

目的
① 一般地域住民を対象に安全で楽しい健康教室の運営ができるように、ふまねっと運動の目的、対象、効果、指導方法を学ぶ。
② ふまねっと運動をいかしたボランティア活動を行い、地域の健康づくりやまちづくりに取り組む人材を養成する。

認定基準
① ふまねっと運動の目的と効果を正しく理解し、説明できること。
② 参加者の前で笑顔で挨拶ができ、身だしなみが清潔なこと。
③ 参加者の前で大きな動作で手本を示すことができること。
④ 参加者と一緒に同じ目標を共有できること。

権利
資格の有効期間中、日本国内において、ふまねっと運動を使った健康教室の企画、運営、指導を担当することができる。

受講日：　　　年　　月　　日

参加者名：

担当講師：　　　場所：

認定 NPO 法人ふまねっと

【写真11】 ふまねっとサポーター用のテキスト『仲間と歩む健康づくり』

◆ふまねっとサポーターの誕生

ふまねっとサポーター養成講習会は五時間程度の講習会です。この中で、ふまねっと運動の意義・これまでの実績・歩行改善効果・認知機能改善効果・指導実習・ふまねっとサポーターの役割などを学びます。

教材は、『仲間と歩む健康づくり』というサポーター用のテキストです【写真11】。受講生は、スライドを見ながらふまねっと運動の効果を学び、今日の社会的課題の解決として、ふまねっとサポーターが地域の仲間づくりに取り組むことの重要性を知ります。そして、テキストに書いてある指導者用のセリフを読んで、ふまねっと運動の指導実習を行います。

初対面の受講者同士が、講義や実技を通して親しくなり、同じ地域でいっしょに活動を始めることができるように、必要な基本的な知識と技術を学びます。その詳細は『仲間と歩む健康づくり』を見ていただきたいと思います。

◆自主練習と組織づくりの重要性

高齢者の「意識改革」に成功しふまねっとサポーターが誕生すれば、大きなやまを一つ越えたといえるでしょう。

次の目標は、このふまねっとサポーターになった人たちが、健康教室を自主的に開設し、地域住民を集め、健康づくりを開始し、楽しく効果的に継続していくことです。そのために必要なことが二つあります。それは、「活動組織」と「自信」です。

講習会を受講したふまねっとサポーターは、資格を取得したとはいえ、すぐに一人で健康教室を開設して指導を始めるのは困難です。それは若い人でも難しいでしょう。

そこで、講習会が終わった後で、新しくふまねっとサポーターになった皆さんが集まって、

【写真12】 ふまねっとサポーターの自主練習会。北斗(ほくと)市で新しいステップの練習をしているところ。横で手をたたいているのはサポーター。基本に忠実である。

同じ地域で行う「自主練習会」を計画します。「自主練習会」は、ふまねっとサポーターが、自由に参加できる練習会という意味です【写真12】。

時間はおよそ一時間程度を確保します。それを毎月一回から四回の頻度で継続します。はやく教室を開設して健康づくり活動を始めたい場合は、毎週一回をおすすめします。日時と場所を決めておき、そこに皆さんが集まるように調整をすすめます。

この「自主練習会」の目的は、①指導技術の向上と②組織づくりです。この「自主練習会」を行う活動組織には、「クラブ」とか「チーム」「サークル」「団体」「班」などの集団を呼ぶ愛称をつけます。

組織をあらたに設立することは、新しい「仲間」ができることを意味しています。

役割 No	担当	流　れ	参考資料
9	☆	挨拶と自己紹介	p24 セリフ①
10	☆	ふまねっと運動の説明	p25 セリフ②
11	☆	参加者の安全確認	p25 セリフ③
12		準備体操	p26 セリフ④
13	☆	注意事項	p27 セリフ⑤
14		ふまねっとを敷く	p27
15	☆	目標設定	p27 セリフ⑥
16-1	☆	ウォーミングアップステップ 1	p29 セリフ⑦

【写真13】『仲間と歩む健康づくり』の役割分担表

一般的な高齢者にとっては、これは頻繁にあることではありません。それはウキウキする楽しい経験となります。そこでこの組織を仲間になった皆さんで大切に育てることが必要です。

「自主練習」をすすめる方法は、ふまねっとサポーター講習会で学びます。『仲間と歩む健康づくり』の中に記載されている役割分担表【写真13】にそって、ふまねっとサポーター仲間と相談して役割を決めて、セリフを覚えながら実技練習を行う方法です。この実技練習を繰り返すうちに指導に自信がついてきます。

はやくて三カ月。通常は半年程度かかります。しかし、この過程で次第に仲間との間に信頼関係が築かれていきます。それが活動組織の構築につながります。

ここで、協力関係の構築、円満な人間関係の形成が必要となってきます。そのためには、ふまねっとサポーターのボランティア活動を円満にマネージメントする必要があります。このボランティア団体の人間関係のマネージメントは、地域によってさまざまなスタイルやルートをたどります。二つの例を見てみましょう。

一つ目は、地域に人望の厚いリーダーがいる場合です。そのリーダーがふまねっとサポーターの組織の代表を引き受けてくれたら、ふまねっとサポーターが行う健康教室の練習や開設も安定して始めることができるでしょう。

その場合はスタートは簡単です。しかし、数年経過してそのリーダーの次を引き継ぐ人を探した時に、すぐに後継者が見つからないことがあります。そうなると、活動は初代リーダーの代で終了を迎えてしまいます。

二つ目は、リーダー不在の地域で、組織の幹事を社会福祉協議会などの公的機関の職員が代行する場合です。はじめにリーダーが不在の場合、代表をだれが引き受けてもらうか、事務的な仕事をだれが担当するかで、すぐに決まらない時にこの方法が選択されます。

この職員が、このままずっとリーダーの代理を続けていくことができれば問題はありません。しかし、多くの市町村では、やがて住民にこれを引き継いでもらいたい時期がきます。しかし、それがうまくいく例は多くはありません。このような組織活動の継続に見られる問題を「引き継ぎのジレンマ」と呼びます。そして、これを解決するための「ノウハウ」があります。

◆組織づくりと役割分担のノウハウ

ふまねっと運動の指導者として、ボランティア活動のために集まった住民が、組織的に活動するためには役割分担を決めることが必要です。しかしこれはとても難しいことです。特に、同じ住民同士で代表者を選んだり、事務的な連絡業務を引き受けたりする人がなかなか決まらないことはよくあります。また、これを強引に進めてしまうと、あとで不満がくすぶって長続きしません。

そこで、住民の力で組織を作り、協力して活動を続けていくためには、私たちが経験的に蓄積してきた「ノウハウ」を使います。

まず、集まった初代のサポーターの皆さんを「信じる」ことです。サポーターになった皆さんは、「地域で健康づくりに貢献したい」という「共通の目的」があったからサポーターになったのだ、と信じるのです。その「共通の目的」を持つ人たちが「同じ地域」に集まったということは、とても大きな「幸運」ではないでしょうか。このサポーターが持っている「共通の目的」を信じるのです。

そこで、皆さんが集まったところで、「私たちは何のためにふまねっとサポーターになったのか」という「目的」を確かめます。

答えは簡単です。それは、「地域住民の健康づくりと仲間づくりのため」、「みんなをよろこばせるため」なのです。

そこで、さらに確認します。私たちは、ふまねっと運動を使って、「地域住民の健康づくりと仲間づくり」が「本当にやりたいことなのか？」と。

もし、ここで皆さんが「それはやりたいことだ」という意見で一致したら、一つ目のハードルは越えたといえます。

次にどうやってこの「目的」を達成するのかという「方法」の検討にうつります。

まずはじめに、「それは一人でできるか?」という基本的な条件を確認します。答えは簡単です。「一人では無理だ」です。ですから、他のサポーターと協力しなければできません。そのためには、どうしても活動組織を作ることは避けられません。ふまねっと運動を地域ですすめていくためには、同じサポーター同士で協力して取り組む必要があるのです。

しかし、組織的な活動はさまざまな面倒が伴います。そこで、できるだけ円満に、負担を少なく、いっしょに活動をするための「約束(規約)」を相談します。この時、私たちのノウハウを活かします。それは、私たちが作成した規約案です。

ふまねっとサポーターの組織づくりの規約案

●目的　地域住民の健康づくりと仲間づくりにつながる楽しい健康教室を行う。

●方法　五つの約束を確認する。

①リーダーだけに責任を負わせない。みんなで責任を負い、協力する。
②役割と活動機会は均等にする。人より多くしない、少なくしない。
③間違いや失敗を責めない。わからないことをやさしく教えてあげる。
④失敗を互いにカバーし、かばい合う。
⑤リーダーは、毎年交代する当番制とする。

リーダーを決めたり、役割分担を決めるのはなかなか面倒です。遠慮したり、ゆずり合ったりして、だれもすすんで引き受けようとしません。また、皆さん、できない理由をあげるのが上

【写真14】 2019年10月23日に、東日本大震災の被災地である東松島(ひがしまつしま)市で心の復興を目的としたふまねっと運動の講演会と体験会が行われた。写真の中で、指導しているのは、東松島市で活動しているふまねっとサポーター。東松島市には、20人のふまねっとサポーターとこれをまとめるリーダーが活躍している。

手です。それは、役割を引き受けた時に、負担が大きかったり責任をきちんと果たせなかった時のことを考えるからです【写真14】。

ところが、この規約案を提示すると、ほとんどのサポーターがほっと安心して組織的な活動に参加できるようになります。そして、この規約案を確認した後に、団体の名前を決めて団体規約を作ります。そこに、目的・役員・会計・入会・退会・解散方法などの約束を含めておくようにします。

初代の代表者は、なかなか決まらないことがあります。そのような場合は年齢順で決定します。そして最年長から順番に交代していきます。集まってくれた人は見識が豊かで、地域のために尽くそうというこころざしの方ばかりですから、だれが代表者となってもかまわないのです。約束をしておけば全員が協力してまとまると思います。

あとはふまねっと運動の練習を行うことで、時間と共に組織と信頼関係を育てていきます。経験が浅く頼りなかったリーダーも、一年経つと自信がつき、堂々としてたのもしいリーダーに変わります。それは、みんなに支えられたおかげです。そして、次の人に交代するのです。つまり組織づくりは人の成長につながるのです。高齢者でも成長を感じることは幸せにつながります。これはボランティア活動の大きな魅力であり目的の一つではないかと思います。

◆仲間はずれをふせぐ「アドリブ禁止」

ふまねっと運動の指導者の資格である「ふまねっとサポーター」は、高齢者や障がい者でも取得できるように考案されています。最高年齢としては、九六歳の高齢者がふまねっとサポーターになっています。八〇代の高齢者は二〇〇人以上活躍しています。その他に、聴覚障がい者や精神障がい者もふまねっとサポーターになって地域で活躍しています。

これらのふまねっとサポーターになる方の中には、もとは人前に出て話をすることが苦手だったり、運動が苦手で自信がなかったり、気が小さい人がいます。そこで、これらのすべてのふまねっとサポーターが、自信を失わずに、ふまねっと運動を継続できるようにしなければなりません。そのためには、さらなるノウハウが必要です。

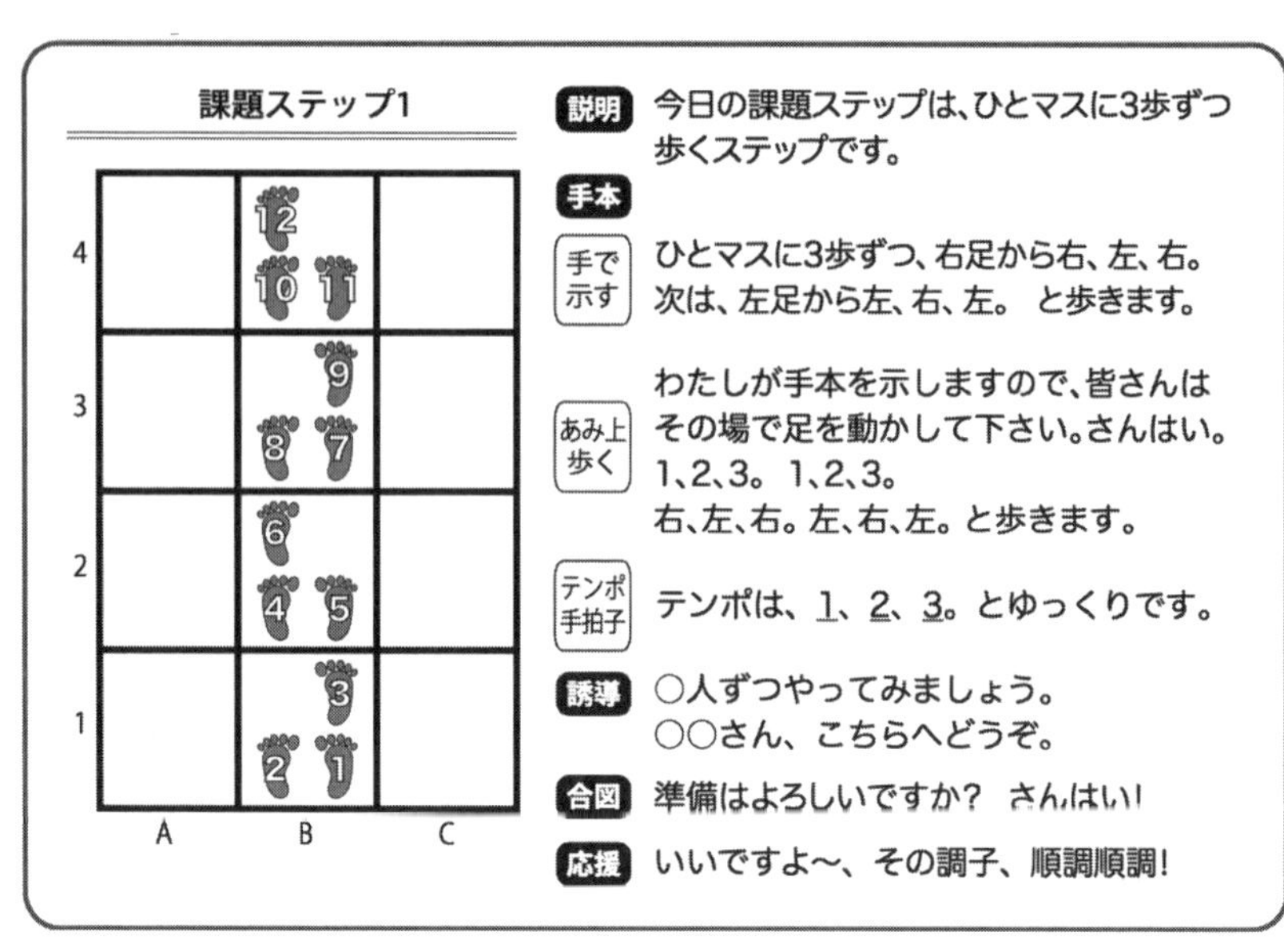

【写真15】『仲間と歩む健康づくり』セリフのページ

その一つ目は、指導時の「アドリブ禁止」です。ふまねっと運動には指導のために決められたセリフが用意されています。指導者であるふまねっとサポーターはアドリブを入れないで、そのセリフに従って指導することになっています。セリフは『仲間と歩む健康づくり』にイラスト入りで書かれています【写真15】。

実際に指導する場合、サポーターはこのテキストを手に持ち、読みながら指導してもよいことになっています。これによって、あまり人前に出て指導をした経験のない家庭の主婦もふまねっと運動を指導することができます【写真16】。

その一方で、スポーツの指導経験が豊富な方がふまねっとサポーターになるほうがやっかいです。そのような方は、セリフなどなくても上手に指導するこ

【写真16】 北見市ふまねっとサポーター養成講習会の様子。指導者役をしている高齢者はワークブックを読みながら練習している。

とができるからです。そのようなベテラン指導者は、アドリブをきかせて、ウケを狙い、独自のセリフを追加して、しゃれを連発して指導するので、教室がたいへん盛り上がります。

しかし、ふまねっと運動ではこれを禁じています。

その理由は仲間はずれを防ぐためです。

アドリブが上手なベテラン指導者が、彼しかできないような爆笑ふまねっと教室をしてしまうと、他のサポーターが次に交代しにくくなります。教室の参加者も、アドリブがきいた面白い指導を求めるようになります。その結果、経験の浅いサポーターやアドリブがうまくないサポーターの足が遠のいてしまうのです。これを防ぐために、「アドリブ禁止」という方針を立てています。

同じ地域で、ベテラン指導者と、一般の地域住民高齢者や特別なニーズを持つふまねっとサポーターが、ともに共同歩調をすすめる場合には、どちらも同じように指導を担当できるようにしておく必要があります。その場合には、ベテラン指導者に一歩譲ってもらうことにして、少々窮屈ですが「アドリブ禁止」の方針を理解してもらうことにしています。

そのため、ふまねっと運動は、日本全国、どこへ行っても同じセリフで指導されています。

◆個人差に対応するための「方針」

運動には個人的な能力の差がつきものです。ふまねっと運動でも、ステップが上手にできる人とできない人が現れます。どんな運動にも、このような「個人差」はつきものです。

この時、運動の効果や楽しさを重視する場合は、能力が高い人には、能力に合わせて高いレベルの運動を選ぶのが一般的な考え方でしょう。しかし運動能力の高い人の「楽しさ」や「効果」を尊重すれば、運動能力が低い人が参加しにくくなります。これは運動能力の低い人たちを犠牲にする恐れがあります。逆に、運動能力が低い人でもできる簡単な運動を行うと、運動能力が高い人にはつまらない運動になります。これは、運動能力の高い人たちにとっては、楽しさや効果の犠牲を強いることを意味するのです。

これは、一般的に運動を指導する時につきまとう「個人差のジレンマ」です。運動能力に個人

【表10】 ふまねっと運動の価値観と一般的な健康教室の価値観の比較

一般的な健康づくりの価値観	ふまねっと運動の価値観
効果（筋力）	安全
安全	仲間づくり
楽しさ	楽しさ
	効果（筋力）

差がある場合、能力の高い人と低い人が、どちらもいっしょに楽しむこと、すなわち「両立」が難しいのです。

この「個人差のジレンマ」を克服するために、ふまねっと運動の独自のノウハウがあります。それは、ふまねっと運動では、「もっとも運動能力が低い人を基準にして指導をする」という「方針」を立てることです。

もし運動能力が高く、すぐに新しいステップができてしまう参加者がいる時には、「まだできていない参加者を応援して、仲間と歩む健康づくりに協力してください」とお願いしています。これが、ふまねっと運動の「仲間」を優先して「効果」や「楽しさ」をあとまわしにするという方針です。

以上のようなふまねっと運動の理念は、高齢者が指導者になるという目的や理念を前提とした場合には、合理的な価値観であると考えられます。高齢者が社会参加して継続するには、競争ではなく協調が求められるからです。

最近の一般的な健康づくりでは、三つの価値が重視されています。それは、「筋力向上効果」「安全」「楽しさ」です。これに対して、ふまねっと健康教室では、これに「仲間」を追加して、全部で四つの価値観を重視することにしています。そして、重要なのは、「仲間」の優先順位を「筋力向上効果」よりも上位に位置づけることです【表10】。

ふまねっと運動の方針では、「楽しさ」や「効果」よりも「仲間づくり」を重視するのです。これは、歩行機能が低下した教室参加者が参加しにくくなるようなマイナス要因を防ぐためです。

一般的な教室では、「効果」を重視した健康づくりが行われます。かなりハードな筋トレや複雑なエアロビクスが行われる教室があるようです。その場合、体力が低い人や運動が苦手な人が遠慮して参加をひかえることがあります。体力が低い人が足手まといになることを恐れるからです。

もしここで、運動が上手な人に合わせて運動レベルを高く維持しようとすると、運動が苦手な人がついていけなくなってしまう可能性があります。運動を行う時には、この個人差の問題がつきまといます。どちらのレベルに合わせるかは難しい問題です。いずれに合わせても、他方が犠牲になるからです。

ふまねっと運動では、ここで「筋力向上効果」や「楽しさ」よりも、「仲間」を優先するという方針を選びます。そして、個人の能力差が現れた時には、下手な人や遅れる人を基準にステップや運動プログラムを決定すると宣言しています。そのため、上手な人や運動能力が高い人には、下手な人ができるようになるまで励まして応援し、いっしょに「仲間と歩む健康づくり」に協力してくださいとお願いします。

この時、説明をきちんとすることが大切です。なぜ下手な人を基準にステップを決めるのか理由を説明できれば、ほとんどの場合、運動能力の高く上手な人が、自分にとっては退屈と思われる簡単なステップを行う時でも、楽しそうにこれをやり、下手な人がそれをやる時には、優しく、力強く、応援してくれるようになります。

ふまねっと運動では、「仲間づくり」を優先するためには、「筋力向上効果」や「楽しさ」があと回しになってもやむを得ないと考える方針を採用しています。これらの方針は、窮屈です。しかし、高齢化・過疎化した地方で、高齢者がみんなで協力していく体制を作るためには重要な役割を果たします。

◆ふまねっとサポーターの成果

このようなやり方で、ふまねっと運動を通したボランティア活動が作り出す成果を具体的に見てみましょう。

それは、大きく分けて二つに区別できます。一つは、ふまねっとサポーターから教室の参加者が得る効果です。そしてもう一つは、ふまねっと健康教室からふまねっとサポーターが得る効果です【図9】。

はじめに、教室の参加者がふまねっとサポーターから得る効果を見てみましょう。ふまねっとサポーターは健康教室の参加者に運動したり交流する機会を提供することができます。それは高齢者に「居場所」を提供します。

高齢者に「居場所」を提供する事業は、「サロン」などと呼ばれて全国各地で盛んに行われて

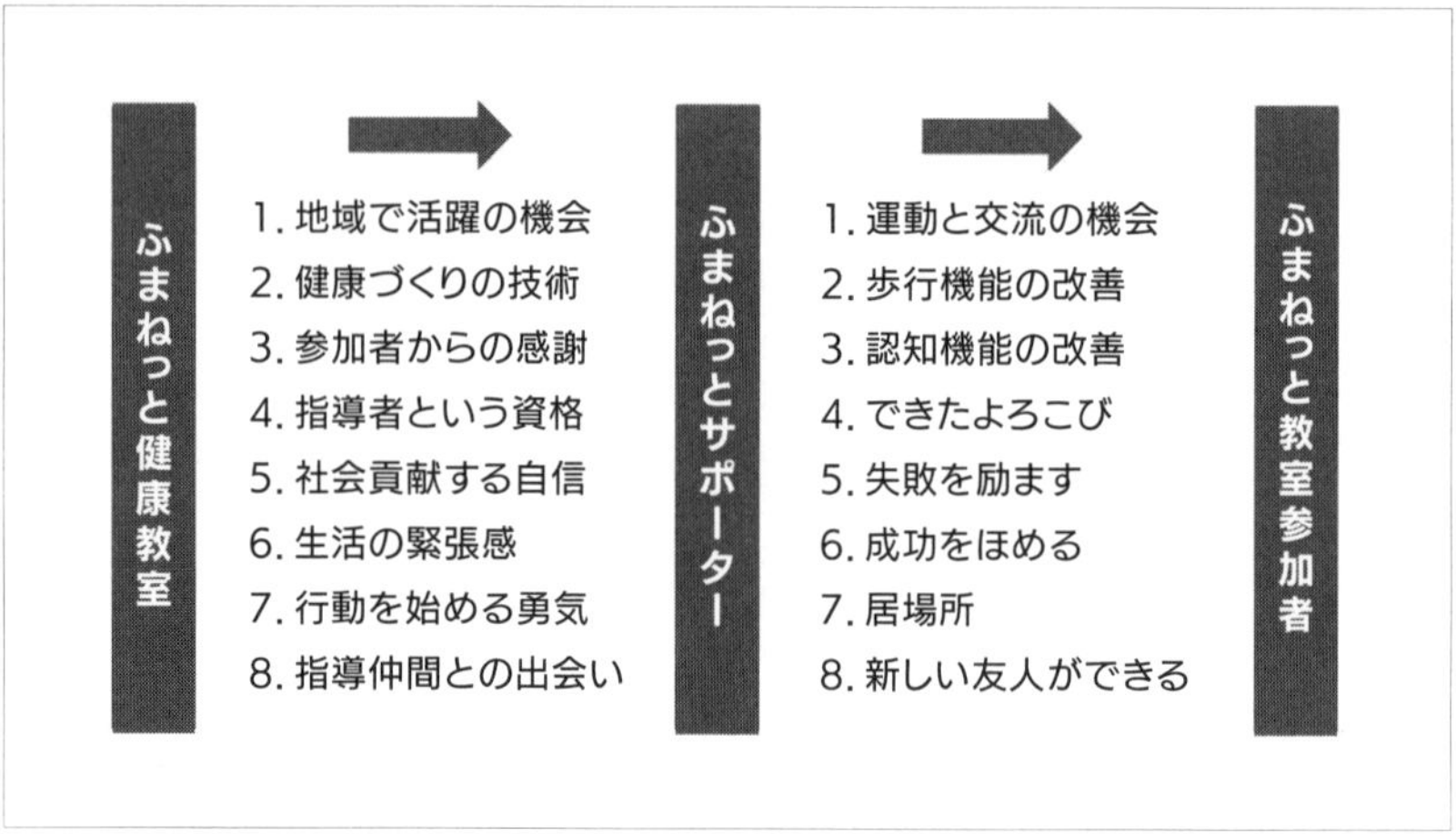

ふまねっと健康教室 → ふまねっとサポーター → ふまねっと教室参加者

ふまねっと健康教室 → ふまねっとサポーター

1. 地域で活躍の機会
2. 健康づくりの技術
3. 参加者からの感謝
4. 指導者という資格
5. 社会貢献する自信
6. 生活の緊張感
7. 行動を始める勇気
8. 指導仲間との出会い

ふまねっとサポーター → ふまねっと教室参加者

1. 運動と交流の機会
2. 歩行機能の改善
3. 認知機能の改善
4. できたよろこび
5. 失敗を励ます
6. 成功をほめる
7. 居場所
8. 新しい友人ができる

【図9】 ふまねっと教室がサポーターと参加者に与える効果

います。ところが、ふまねっとサポーターはただの「居場所」ではなく、そこで参加者に「運動」する機会を提供することができるのです。

そしてこの運動は、ゆっくりした運動なので、車椅子の高齢者や歩行器・杖の使用者も参加できます。それは、サロンの参加者が幅広く参加できることを意味しています。つまり見ている人はいない運動です。みんながいっしょに仲間になって楽しむことができる運動です。

さらに、一人ずつ順番に出番が回ってくるので、できなかったときには「励ます」ことができます。また、上手にできた時には「ほめる」ことができます。そして最後にハイタッチして「よろこびを共有する」ことができます。

これらの交流は、イベントのような盛り上がりに近いものがあります。一般的に行われている「サロン」や「お茶会」では、なかなかまねができない活動です。失敗したりハプニングが続出する

「運動」のおかげで楽しい交流が生まれます。以上が、教室参加者がふまねっとサポーターから得る効果です。

次に、ふまねっとサポーターがふまねっと教室やふまねっと運動から得る効果を見てみましょう。ふまねっとサポーターである高齢者は、こうした交流を初対面の人にも簡単に提供することができます。これは参加者だけではなく、ふまねっとサポーターである高齢者自身にとっても有意義な時間を作り出すことにつながります。ふまねっとサポーターはこの有意義な時間だけでなく、より多くの実りをふまねっと運動プログラムから得ています。

まず、ご自身が住んでいる地域で「活躍」する「技術」や「機会」を得ることができます。もともと地域で何か活躍していた実績がある人であれば難しいことではありませんが、一般的な住民が自分の住んでいる地域で近所の人を対象に健康教室を開いたり運動を教えたり、楽しい時間を提供する人気者になるというのはやさしいことではありません。ふまねっとサポーターになることで、それを可能にする技術を身につけることができるのです【写真17】。

そのような技術を身につけることで、健康教室を開く「勇気」が生まれます。そしてふまねっとサポーターとして健康教室に数回参加して指導を担当しているうちに次第に自信がついてきます。

指導者という地位は、感謝される地位です。この地位を経験することで、次第に行動が積極的になります。今まで、遠慮していた地域の役職、ふまねっとサポーターの活動組織の中での役員、敬遠していた活動に挑戦するきっかけとなるのです。これは、自治意識を高めることに

【写真17】 2019年２月19日の美深（びふか）町のふまねっと教室で、やっとステップができた時。ゴールでサポーターとハイタッチが始まる。その瞬間。

もつながります。

特に何かの組織の「役員」を引き受けるということは、一定の「責任」を引き受けることを意味しています。それは、周囲の人たちの「人望」を高めたり、生活の「緊張感」を高めることになります。これは、ご本人の健康づくりにプラスになるだけではなく、家族・地域社会・市町村の資源（人材）が増えていくことを意味しています。

勇気・自信・人望・責任・役割。これらはお金で買えるものではありません。人として成長することでしか得られない貴重な私たちの財産です。

◆ボランティア活動の意義

ふまねっとサポーターになって、健康

づくり活動が積極的になり、行動範囲が広がることは、さらに新しい出会いにつながります。それはとてもうれしいことです。

ところが、いくら喜ばしいといっても活動を続けるのにはお金がかかりますから容易なことではありません。この活動を支えるお金をどうするかについて、次の第四章で実践例を通して考えていきたいと思います。

その前に第三章の締めくくりとして、「ボランティア活動」とは何か、について考えてみましょう。

「ボランティア」の定義を一つにしぼり込むのは難しいです。例えば、少額の謝礼を伴うような、いわゆる「有償ボランティア」をボランティアと数えるのかどうか、などの議論を始めると、簡単には決着がつきません。また、この定義をめぐる議論は本書の目的ではありません。

そこで、ここでは「自発的に行う行動で、困っている人のために、支援が必要な人のために、力が弱い人のために、自分の手や力や時間を提供する行動」と定義しておきたいと思います。この定義にはまだ改良の余地があります。しかし、ボランティア活動の意義を説明するためにはとりあえずこれでよしとしておきます。

ボランティア活動を行う意義は二つあります。一つは、「自分自身」に現れる変化です。もう一つは、「周囲の人」に与える変化です。この二つは、ふまねっと運動にかぎらず、すべてのボランティア活動に共通の意義です。

一つ目の、「自分自身」に現れる変化は、ボランティア活動を行う人の「良心」が強くなるという変化です。

「良心」とは何でしょうか。立ち止まって考えてみたいと思います。

これは、私が教員時代に感じたことです。私は、学生の多くが自分に自信が持てずにいることを感じていました。これは学生に限らず、現代社会の私たちに共通する社会的傾向かもしれません。学生たちは何か不安を感じていて、自分からすすんで行動したり決定することをためらうように見えました。正しいと思うことも行動に移すことができません。なぜか恥ずかしいふりをするのです。

そのような学生に私はボランティア活動をすすめてきました。すすめる理由を次のように説明します。

「いいかい、君たち。ボランティア活動はね、良心を強くするんだ。だから、ぼくは君たちにボランティア活動をすすめる」

「ところで、ボランティア活動とは何か、君たちはわかるかい。ボランティア活動とは困っている人・力が弱い人・差別されている人・助けが必要な人のために、自分の手や力・時間を提供することだ」

「ボランティア活動とは、自ら自発的に、自分以外の人のために、公共の利益のために、行動することだ。それは自分の良心に基づいて素直に動くことだよ」

「そのような行動をしたいという気持ち、困っている人を助けてあげたいという気持ち、そういう気持ちは、君たち全員、人は誰でもかならず持っていると思う。それを「良心」と呼ぶ」

「ところが、現代社会を生きているうちに、私たちは皆、この「良心」を押さえ込んで、あとまわしにして生きている。なぜなら、私たちはいつも、行動を始めるときには、どちらが得か、どちらがもうかるか、を考えて動いているからだ」

「例えば、君たちはいつも、どちらのバイトのほうが時給が高いかとか、どちらの講義のほうが単位がとりやすいかとか、どちらの先生のほうが休みが多いかとかで決めるだろう。それを何というか知っているかい？」

「それを「打算」と呼ぶ。打算は、悪いことではない。間違いではない。現代社会では、それを賢明という。経済、経済、経済。経済を優先しないと生きていけない時代だ。したがって打算は合理的な選択だ。やむを得ないことだ」

「でもそれでよいのだろうか。君たちの、本心は、目の前の困っている人を助けてあげたいと思っているのではないかい？　けれども、アルバイトを優先する。時給を優先する。そうでなければ、大学に通えない。卒業もできないからだ」

「だからそのたびに、君たちは、心の中にある自分の「良心（本心）」をあとまわしにする。押さえ込むんだ。すると、君たちの良心は、いつもいじけて弱ってしまう。そうして、君たちはいざという時に良心に基づいた行動ができなくなる。自分に良心があることを忘れてしまう。良心を見失ってしまう」

「それが続くとどうなるかわかるかい？　そうすると、今度は自分に自信が持てなくなる。自分を好きではなくなる。自分を大切にできなくなる」

「だから、ぼくはボランティア活動をすすめる。多少無理をしてでも、ボランティア活動をするんだ。すると君たちは、「良心」、つまり自分の本心にしたがって行動することができる。良心とは何かを経験するんだ。その時、気がつくだろう。君たちは、良心に従うことのよろこびに気づくのだ。それは「打算」で動くことのみじめさ、せつなさを消す。例えば君たちが、健康教室でボランティア活動をしたとしよう。そうすれば、地域住民は、君たちに感謝するだろう。君たちの活動をほめてくれるだろう。それは、君たちのいじけて弱っていた良心を育てる。強くする。君たちは、君たちがとった行動が、間違いのない、正しい行動だと「確信」する。君たちは、自分の行動に、自分がとったボランティア活動に、誇りを持つことができる。すると、自然と君たちの背筋が伸びてくる。胸を張って、行動するようになる。自然と、声が大きくなる。笑い声も大きくなる。堂々とした態度や風格がそなわる」

「ボランティア活動を始めるには、勇気がいる。時間も必要だ。だから、はじめの一歩は、とても大きな一歩に感じる。君たちはそこで躊躇するかもしれない。しかし、ボランティア活動を始めれば、それが些細な問題であると気づくだろう。君たちがボランティア活動で気づくのは、君たちの眠っていた良心の力の大きさだ。それは、君たちを大きく成長させる力だ。正しいことを、最後までつらぬく力だ。その君たちの行動は、社会全体の多くの人たちの背中を押す。そして、よい社会に変えていく。君たちは、君たちのこの社会を、よい社会にしたいだろ？　だから、ぼくは君たちにボランティア活動をすすめるんだ」

◆ボランティア活動は信用を高める

「良心」は、私たち一人ひとりの中にあります。ボランティア活動は、この私たちの心の中の良心を育てます。それだけでなく、私たちのまわりの人の心にもよい影響を与えます。それは、「信用」をきずくという影響です。

学生を前に、私はこう問いかけます。「もし、君たちの中のだれかが、他のだれにも強制されることなく、すすんで駅や学校の校内（つまり公共の場）のゴミを拾い出したら、それを見たまわりの君たちはどのような影響を受けますか？　もし、君たちの親しい友人が、環境保護のため二酸化炭素の削減に、差別の抗議に、生活困窮者の支援にボランティアで取り組んでいたら、まわりの君たちはどのような影響を受けますか？」

困っている人・障がいを持つ人・弱い立場の人に力を貸そうとする行為を見ると、それを美しい行動だと思うでしょう。大切な行動だと気づくでしょう。中には自分が恥ずかしくなる人もいるでしょう。

他の人のために、公益のために行動する人は、これを見ていたまわりの人の良心を刺激します。それだけでなく、まわりの人からの「信用」が高まります。この「信用」こそ、私たちが大切にしなければならない人の「資質」です。「信用」がない人は、社会の中で人として生きていくことが困難になるからです。

この「信用」の最も貴重な点は、お金で買うことができないことです。

私たちが、もし何か間違いを犯して「信用」を失ってしまったら、それは、いくらお金を払っても取り戻すことはできません。つまり、ボランティアは、お金では買うことができない「信用」を高める行動なのです。あなたは、それを期待して計算して行っているのではありません。まわりの人はそれをよく知っています。だからこそ、あなたを深く信用するのです。そしてそれが、あなたの値打ちになるのです。

最後にボランティアは、技術的な難易度が高い活動を行うのではありません。むしろその逆で、単純で素朴な活動がほとんどです。大きなことというよりも、むしろ小さく、容易なことの繰り返しです。私たちは、本心にしたがい、できることをすればよい。それがボランティアだと思います。

その行動が、一度だけではなく、継続すること。そして、一貫した善意があり、ポリシーに基づいた行動であれば、それがあなたの信用を高め、まわりの人の気持ちを動かします。まわりの人の勇気を刺激します。すると、まわりの人の何人かは、共感して同じ行動をとるようになります。そのような人は、どんどん増えていくでしょう。人は信用に支えられると、大きな力が発揮できるのだと思います。

第四章 市町村を支えるふまねっと運動の実績

◆地域の資源を有効活用する

市町村がふまねっと運動を導入するためには、住民の意識改革と人材養成から始めて、ふまねっと健康教室の開設、指導者の活動組織づくり、健康教室の運営、効果の評価と記録報告へとすすめていく必要があります。

これは、一年で完了する事業ではありません。二年から三年間かけて、じっくり一つひとつ構築していく事業です。また、これは人づくりとまちづくりを兼ねた事業でもあります。

この事業の成功率を高めるには、市町村が持つ資源（人材、これまで取り組んできたプログラム、活動組織や団体）を有効に活かすことが必要です。

どの市町村にも、これまでに取り組んできた過去の取り組みや実績があります。例えば、多くの市町村が独自の「介護予防サポーター」の養成を行っています。ご当地オリジナル体操を考案したり、全国的に有名な「いきいき百歳体操」を導入しているところもあります。また、どの市町村にも、住民の中に積極的に活動している個人や団体があります。

ふまねっと運動を導入する際には、これらの過去の取り組みや実績、地域団体の活動と競合しないようにして、共存できるように注意を払います。これらの人材やプログラムなど、過去の実績をできるだけ活かすことが成功率を高めることにつながります。

例えば、「ふまねっとサポーター」を養成する場合には、すでに「介護予防サポーター」として活動している方々を優先するのが望ましいでしょう。また、オリジナル体操や「いきいき百歳体操」を取り入れた介護予防教室を行っている市町村は、その「いきいき百歳体操」の介護予防教室の中で、ふまねっと運動を行うようにするのが望ましいと思います。

さらに、団体や組織を有効に活かすことが必要です。どの市町村にも、高齢者福祉に取り組む機関、例えば社会福祉協議会（以下、社協）や地域包括支援センターという地域機関があります。また、老人クラブ・町内会などの地域団体・民生委員・食生活改善推進委員などの委員がいます。

これらの機関や団体は、高齢者の自立や健康、介護予防を目的とした地域の取り組みを行ってきているので、ふまねっとサポーターの活動と重なります。そこで、あらかじめ市町村が方針を立てて、これらの機関や団体と連携してふまねっと運動の導入を提案し、人材の募集や活動を行っていくのです。地域の中での関連団体との連携を強化し、共通の目標に向かって力を合わせることが重要です。

ふまねっと運動の導入が、お互いの活動をよりパワーアップさせていくことになるようすすめてください。既存の団体がふまねっと運動を取り入れることで、もともと行ってきた従来の事業の目的を達成しやすくなると理解しておくことが大切です。

例えば、地域の閉じこもり予防の活動は、社協の職員だけが地域を巡回しなくてもよくなります。それは、住民がふまねっとサポーターになることによって、社協の職員はふまねっとサポーターから多くの情報を入手できるようになるからです。「閉じこもりが心配だったAさんを先週スーパーで見かけた」とか「おまつりで見かけた」とか「元気そうだった」などの目撃情報が入ってきます。地域の中にふまねっとサポーターのアンテナが広がるのです。

社協や地域包括・老人クラブ・町内会は、市町村が持つ大切な地域資源です。NPO法人ふまねっとは、これらの市町村の地域資源の過去の取り組みと実績を尊重しながら、ふまねっとの導入プランを作成します。そのため、ふまねっとの導入方法や手順は市町村によって異なっています。中心的な役割を果たすプレイヤーが市役所の保健師さんであることもあれば、社協の地域福祉係の職員、地域包括の介護予防担当職員、生活支援コーディネーター、老人クラブ事務局長であることもあります。地域によってさまざまなリーダーの力を借ります。

ふまねっと運動の導入方法には、きまったルートや手順はなく、各市町村がそれぞれの強みを活かして得意な方法で計画を作成するのが望ましいといえます。どの方法を選択した場合であっても、これまでの例では、ふまねっと運動はこれらの地域資源の各機関や団体の皆さんに歓迎されて広がっていきました。

次に現在ふまねっと運動が行われている市町村に注目し、どのように広がっていったのかを見ていきたいと思います。

◆住民主体の自律型支部方式

ＮＰＯ法人ふまねっとは、各地に誕生したふまねっとサポーターのボランティア活動を支援するために、二〇一〇年以降、市町村に「支部」を設立しました。

当初、全国の市町村に支部を設立しようと考えていましたが、その費用が予想以上にかかることになり、九つの支部を設立したところで継続不能となり中断してしまいました。

二〇二〇年現在、支部は旭川市、網走市、石狩市、帯広市、札幌市、士幌町、函館市、由仁町、余市町の九支部です。すべて北海道内です。

支部設立の目的は、市町村内のふまねっと健康教室の数を増やす、参加者を増やす、ふまねっとサポーターを増やすことです。それは介護予防だけではなく、居場所づくり・仲間づくり・まちづくりに貢献するためです。

まず、支部を設立するには、設立するための発起人を立て、賛同者を集め、設立総会を行い、本部に申請をしなければなりません。手続きはかなり面倒です。しかし、これまでは、これをクリアできる方々にお会いすることができて実現しました。

そもそも、ふまねっとサポーターになる高齢者の皆さんは、自分の意志でNPO法人ふまねっとに入会し、受講料を支払って資格を取得してふまねっとサポーターになる方々です。市町村役場から支援を受けているわけではありません。ただ純粋に、ふまねっと運動をやりたくて、多くの市民にもっとよろこんでもらいたいという一心で、支部を設立しようと行動を起こした人たちです。

NPO法人が行う支部の支援の具体的内容は、ボランティア活動の資金の援助と研修会を通じた技術指導です。資金の援助は、その支部に所属する正会員の人数に応じて年会費(二〇〇〇円)の二五パーセント(五〇〇円)を支払います。また、支部が「ふまねっとサポーター講習会」を開催した場合は、受講料七〇〇〇円のうち四〇〇〇円が支部に還元されます。

そのような支援策を行った結果、支部はチラシの印刷費や通信費などの経費を自己負担しなくてもすむようになりました。これがボランティア活動の推進につながるので、支部が置かれた市町村では、ふまねっとサポーターが活動を積極的にできたと考えられます。

支部の活動実績を見ると、住民だけの力で実に多くの実績を生み出していることがわかります。そこで、この中から網走支部と旭川支部、そして札幌支部の活動実績を紹介したいと思います。網走支部と旭川支部では、対照的な活動が見られました。網走支部ではふまねっと教室をすべて無料で行いました。旭川支部では一カ月三〇〇円という参加料を集めてふまねっと教室を行いました。それぞれの成果を比較してみたいと思います。

【表12】 ＮＰＯ法人ふまねっとの支部の活動実績表（2018年度）

支部名	決算収入額	支部会員数	支部支援金	年間教室数	延教室参加者数	延教室指導者数	平均教室担当数	教室参加費
旭川	1,516,973	114	45,600	375	5,654	750	37.5	300/月
網走	423,459	110	77,800	391	5,107	1,275	31.9	0
石狩	207,524	12	4,800	41	498	90	15	200
帯広	768,860	240	76,660	166	3,320	480	34	200
札幌	1,044,124	747	218,800	965	15,531	3,538	26	200
士幌	155,037	22	11,200	66	899	357	12	0
函館	180,484	66	26,400	84	1,036	599	37	200
由仁	375,707	38	15,200	72	1,014	530	24	50
余市	468,000	38	15,200	71	984	1,154	23.6	100

◆完全無料の網走支部方式

網走市では、二〇一〇年（平成二二年）一一月三〇日にＮＰＯ法人ふまねっとの一番目の支部「ふまねっと網走１２３（ワンツースリー）」が設立されました。網走市には、二〇年近く活動をしていた「認知症の家族を支える会」があり、この会の代表をしていた阿部澄子さんが、同会やその他の網走市内のボランティア団体にふまねっと運動を紹介したことがきっかけで支部の設立につながりました。

支部設立の目的は、「網走市民の健康づくり、介護予防、認知症予防に貢献する」こと。そしてそのために、ふまねっと教室の「場所」を増やす、ふまねっと教室の「回数」を増やす、ふまねっとサポーターの「数」を増やすことです。

網走支部の会長は、網走市社会福祉協議会の会長後藤田生子さんになりました。そして、副会長には認知症の家族を支える会の代表阿部澄子さんと網走市役所の元職員であった神内義光さん、そして元学校教員の高嶋誠さんの三人が務めることになりました。いずれの方も網走市内で福祉活動に積極的に取り組んでいた方々でした。

この網走支部の設立に関わって、「ＮＰＯ法人地域健康づくり支援会ワンツースリー」(当時)は、網走市役所に事前にコンタクトをとったり、承認を得たりすることはありませんでした。網走支部の役員は、もとより網走市役所の信頼があつく、支部の設立やその後の活動の中で網走市の意向に沿って活動をすすめたり、網走市民の多くの歓迎や協力を得たりしました。当時の地方紙にもたびたび活動を紹介する記事が掲載されています。

網走市内では、二〇一八年(平成三〇年)に一年間で三九一回のふまねっと教室が行われ、そこに延べ五六五四人の市民が参加しています。そして、この教室を運営したり、指導するふまねっとサポーターは一年間に延べ一二七五人になりました。つまり、この活動に参加した高齢者の数は両方合わせて年間六九二九人になります。この活動は、網走支部のふまねっとサポーターの力だけで行われた活動です【表12】。

これらのふまねっと教室は、基本的には無料で行われています。それが可能なのは場所代や会場費がかからないという好条件があるからです。それは網走市がすすめていた独自の事業の結果です。

網走市では、二〇〇一年(平成一三年)頃から、住民の提案により地域住民のボランティア団体の育成を兼ねて、地域に「ふれあいの家」という居場所づくりが始まりました。市内の空き家を利用して「ふれあいの家」を開設し、網走市に登録した住民ボランティア団体がこれを管理します。そして、市役所がその家賃や管理費用などを補助する事業です。網走市の住民ボランティア団体は、この「ふれあいの家」を使ってお茶会をやったり、地域の高齢者に居場所を提供することができます。

この「ふれあいの家」は、二〇一八年度には、網走市内で一三カ所ありました。そして、この一三カ所の「ふれあいの家」を運営しているボランティア団体のほぼすべてでふまねっと運動が取り入れられています。各「ふれあいの家」では、毎月一回から四回、年間合計一二回から三五回のふまねっと教室を実施し、そこで歩行機能や認知機能改善のための練習や交流を行いました。その結果、年間のふまねっと教室の開催数が三九一回、参加者数が五一〇七人になったのです。

ふまねっと運動は、網走市が行う公式な介護予防事業にはなっていません。網走市役所では、保健師さんたちが「カニチョッキン体操」と呼ばれるご当地体操を作り、これを中心とした筋トレ型の介護予防教室を行っています。この教室に通うことができない人が、歩いて通える「ふれあいの家」でふまねっと教室に参加しています。したがって、ふまねっと教室は介護予防事業ではなく住民活動という位置づけです。

ふまねっと網走支部は、網走市内にふまねっと運動を普及するために設立されました。この網走支部が、網走市内で活動していた数多くのボランティア団体を一つにまとめ、連携を深めてふまねっとサポーターを増やしたのです。これは網走市民が自主的・主体的に足並みをそろえて健康づくり・まちづくり・仲間づくりに取り組んだことを意味します。

ふまねっとサポーターになった網走市民は、年に数回、ふまねっと運動の研修会で顔を合わせて交流し、指導技術の研修を行い、ふまねっと運動でどのような効果や成果が見られたかの情報交換を行いました。それが網走市内のボランティアさんの意欲の向上につながったようです。こうして、ふまねっと運動が網走市民に受け入れられたのは幸運でした。網走市は、ボランティア活動に積極的でまとまりがよいという印象があります。その網走市で、市の自主事業として「ふれあいの家」の事業が行われていたところに、たまたまふまねっと運動があいのりできたのでうまくいったのだと思います。

この網走支部の活動を設立から一〇年以上にわたり陰でずっと支えたのは事務局長の松山友子さんでした。松山さんらの尽力によって網走支部は網走市民のボランティア活動に多大な貢献をしました。

◆ひと月三〇〇円の旭川支部方式

旭川市でふまねっと運動を最初に始めたのは、二〇〇〇年（平成一二年）から旭川市内で活動をしていた「ＮＰＯ法人通院・外出支援センターたいせつ」（以下、ＮＰＯ法人たいせつ）の理事長の岩本美津枝さんでした。

このＮＰＯ法人たいせつは、通院するための移動手段を持たない高齢者や障がい者の通院を支援するという福祉事業を行っていました。法人名の中の「たいせつ」というのは、北海道の中

【写真18】 2011年9月3日、旭川市(あさひかわ)ではじめてふまねっとサポーター講習会が開催される。正面の左が岩本美津枝さん。

央部に背骨のように南北にそびえる大雪山(たいせつざん)の「たいせつ」です。活動範囲は、旭川市を中心とした上川(かみかわ)地方と呼ばれる地域です。

このNPO法人たいせつの理事長、岩本美津枝さんは、朝日新聞に掲載された記事でふまねっと運動を知り、旭川市民にふまねっと運動を紹介するために、また、自団体の活動の対象者にもふまねっと運動をやってもらうために、各種の助成金や補助金の申請を行って、旭川市内でふまねっとサポーター講習会を開催しました【写真18】。

二〇〇九年（平成二一年）に旭川市内で行われた、第一回ふまねっとサポーター講習会では、NPO法人たいせつを中心に一七名の市民が受講しました。ここからその後の旭川市内のふまねっと教室のボ

【表13】 認定ＮＰＯ法人ふまねっと旭川支部の定期開催教室一覧（2018年度）

	会場：住所	開催日時
1	神楽公民館：神楽3-6	第1・3木曜 午前
2	神楽宮前会館：神楽4-11	第1・3土曜 午前
3	マルベリーさわやかセンター：永山4-8	第4火曜 午後
4	北部老人福祉センター：春光2-7	第1・3月曜 午前
5	旭川別院：宮下通2丁目	毎月13日 午後 変更有
6	高齢者いこいの家八区会館：末広1-12	第2・4土曜 午後
7	永山公民館：永山3-19	第2火曜 午後
8	永山むつみ会館：永山10-11	第2金曜 第4木曜 午前
9	東鷹栖公民館第一分館：末広3−7	第2木曜 午後
10	中央公民館：5条通22丁目	第2・4木曜 午後
11	めばえ会館：東光14-7	第1・3火曜 午後
12	末広ふまねっと あつまーる：末広東2-9	第1・3水曜 午後
13	あずま会館：永山4-22	第1・3火曜 午前
14	旭川寺ＡＫＤクラブ 旭川寺：神楽6-12	月1回／不定期
15	西御料地区会館：西御料1-21-21	第3火曜 午前
16	末広新星町内会館：末広4-5	第2・4金曜 午前
17	ねこふんじゃったサニータウン：緑が丘4-2	第4木曜 午前
18	秋月市民会館：秋月2-22-16	第2木曜 第4水曜 午後
19	大黒湯：3条通17丁目右2号	第1月曜 午後
20	東鷹栖公民館：東鷹栖4-2	第2・4火曜 午前
21	永山住民センター：永山7-4	第2金曜 午前

ランティア活動が始まることになります。

そして旭川市に支部が設立されたのは、二〇一一年（平成二三年）二月一四日のことです。支部の代表をＮＰＯ法人たいせつ岩本美津枝さんが務め、副代表を障がい者ボランティアを長く行ってきた武田久子さん、会計をＮＰＯ法人たいせつでも担当している宮崎道子さん、事務局を旭川市内の地域包括支援センターの職員であった岡本ゆみさんが務めることになりました。

旭川支部の初代役員の皆さんは、ＮＰＯ法人などの活動をしている経験もある、もともと住民活動に熱心な方々でした。しかし市役所とのつながりはほとんどありませんでした。そのため、市の事業などとの連携や支援をあおぐことは難しく、活動には苦労が多かったようです。

例えば、地域の高齢者を対象にしたふまねっと教室を行う場合に、たびたび旭川市に公共施設の使用料の減免をお願いしましたが受け付けられませんでした。旭川市でも市役所や地域包括支援センターが取り組んでいる、専門職が担当する筋トレ型の介護予防教室がありました。そのため、旭川市内でふまねっと運動を行うためには、公共施設を借用する場合でも、会場使用料が一回あたり三〇〇〇円程度必要となります。また、市内の移動には公共交通機関を使っても自家用車で移動しても一回一〇〇〇円程度の交通費や駐車場代がかかります。これらを払いながらふまねっと教室を開催しなければならないのです。

ところで、【表12】(一一八ページ)の二〇一八年(平成三〇年)度の事業報告を見ると、旭川支部が行ったふまねっと教室の参加者数と年間収入額が他の支部と比べて最も多いことがわかります。網走支部のすべて無料方式よりも、旭川支部の方が多いのです。旭川支部ではどうやってこの大きな実績を実現したのでしょうか。旭川支部の仕組みがどうなっているのか紹介しましょう。

支部設立後、代表の岩本美津枝さんは、旭川市内のふまねっと運動の普及のために、旭川市が募集している「市民の企画提案による共同のまちづくり事業提案書」を作成し、二〇一一年(平成二三年)三月に申請を行っています。旭川市内にある他の市民活動団体といっしょに、市の助成をたよりに支部の活動を始めたことがわかります。

幸い、この助成金は認められました。そして、この助成金をもとに、二〇一一年に旭川市内の公共施設一三カ所で、ほぼ毎月二回のふまねっと教室を始めました。

市内の一三カ所のそれぞれで月二回の教室を行うということは、一カ月合計二六回の教室が開かれていることになります。これはほぼ毎日旭川市内のどこかで教室が開かれているということです。

岩本さんはふまねっと教室に参加する市民に、一カ月三〇〇円の参加料をお願いすることにしました。すると、旭川市民は一カ月に三〇〇円の月謝を払うだけで、市内で行われているふまねっと教室の二六回のすべてに参加できるのです。また、一年分を一括で払うと少し安くなる三三〇〇円としました。これを払うと、年間三七〇回（二〇一六年度実績）の教室のすべてに参加することができるのです。【表13】は二〇一八年度の定期開催教室の一覧です。

この旭川方式は、教室の参加者には好評で、毎月三〇〇円を払って教室に参加する人が二〇〇人ほど集まりました。するとそれだけで旭川支部の収入はひと月六万円あまりになります。これをもとに、教室の経費である会場使用料・通信費・印刷費を支払います。そして、ふまねっと教室の指導を担当したふまねっとサポーターには一回あたり六〇〇円の交通費を支払うことになりました。

網走支部と旭川支部の例は対照的です。網走支部は教室を無料で行い、旭川支部は教室を有料で行いました。網走支部は、市役所から「ふれあいの家」事業の補助を毎年受けています。旭川支部は、市役所から「まちづくり事業の助成金」を一度受けました。どちらのやり方も参考になります。そしてボランティア活動の多くの苦労がある点では同じです。

また、このような支部の活動は、NPO法人の事業として「完全に自立して行われる住民活動」という点で意義があります。市町村の税金にたよらない選択です。しかし、NPO法人ふまねっと本体の支出が大きく、全国の市町村に広げていくことや、長く続けていくことは難しいことがわかりました。そのため、支部の新設は二〇一三年（平成二五年）以降は中断した状態です。そこで、これに代わる別のサポート方法を検討する必要があります。

◆都市型の札幌支部方式

札幌市には、二〇一〇年（平成二二年）に支部が設立されました。看護師として長い経験を持つ札幌在住の三岩澄子さんは、退職後、地域で健康づくりのボランティア活動を行っていましたが、二〇〇六年（平成一八年）に札幌市のふまねっとサポーターとして資格を取得します。そして、同じく看護師の経験が豊富な安藤百合子さんとともに、ふまねっと運動を普及したいという強い意志で札幌支部の設立をすすめました。

札幌市は、人口一九五万の政令指定都市で一〇の区があります。二〇一八年（平成三〇年）時のふまねっと札幌支部には七〇〇人以上のふまねっとサポーターがいます。そのため活動は各区の「交流会」という下部組織に分かれて運営されています。そして各区の役員が毎月一回集まって札幌支部全体の役員会議を行っています。この支部の役員会議で活動を報告したり、協力

【写真19】 2017年5月13日、札幌市中央区の「かでる2・7」で行われた札幌支部のふまねっとサポーター研修会。93人が参加した。基本から外れていないかお互いに注意する。テキストに従って、同じセリフで指導する。

をお願いしたり、指導法の自主研修を行ったりしています【写真19】。

札幌市では、介護予防に関する取り組みは一〇区に設置されている地域包括支援センターが担当しています。地域包括支援センターは、その下部組織である「介護予防センター」と連携して介護予防教室を開催しています。

札幌支部は、この介護予防センターから依頼を受け、市内一〇区の会場でふまねっと教室を開設しています。【表14】は、ふまねっと札幌支部が二〇一九年（平成三一年／令和元年）に行った活動の一覧です。この一覧によると、年間で五〇回あまりの派遣依頼に応じていて、札幌市内全域をカバーしていることがわかります。そして各教室に参加する参加者の人数は、ほぼ定員に近い数を集

【表14】 ふまねっと札幌支部が2019年に行った出前教室一覧

	日程	依頼主・主催者・連絡先	会場	男	女	合計	定員	サポーター数	収入（円）
1	4月9日（火）	南区介護予防センターまこまない	道営上町集会所	3	12	15	12	3	2,000
2	4月11日（木）	南区介護予防センターまこまない	曙団地集会所	1	15	16	13	3	2,000
3	4月11日（木）	中央区介護予防センター北1条	東地区会館	1	11	12	15	4	2,000
4	4月12日（金）	手稲区介護予防センター 中央・鉄北	山口団地会館	3	13	16	20	5	4,000
5	4月16日（火）	中央区介護予防センター北1条	豊水会館	3	14	17	25	5	4,000
6	4月19日（金）	南区介護予防センターまこまない	真駒内総合福祉センター	1	27	28	25	4	4,000
7	4月25日（木）	白石区介護予防センター川下	北都地区会館	0	24	24	25	3	4,000
8	4月25日（木）	福祉の会サロンライラック	新琴似西会館	7	19	26	30	5	7,000
9	5月16日（木）	手稲区介護予防センター新発寒・富丘・西宮の沢	富丘西宮の沢会館	2	26	28	35	5	4,000
10	5月16日（木）	南区デイサービスあゆみ	デイサービスあゆみ内	2	5	7	10	5	2,000
11	5月21日（火）	手稲区介護予防センター新発寒・富丘・西宮の沢	新発寒地区センター	2	19	21	35	5	4,000
12	5月28日（火）	白石区介護予防センター川下	東川下記念会館	0	28	28	30	4	4,000
13	6月12日（水）	手稲区介護予防センター中央・鉄北	手稲中央会館	0	17	17	14	3	2,000
14	6月18日（火）	手稲区前田福祉のまち推進センター	前田会館	3	13	16	20	4	4,000
15	6月26日（水）	白石区介護予防センター川下	川北会館	1	5	6	6	3	2,000
16	6月28日（金）	豊平区介護予防センター月寒	月寒五区会館	3	20	23	23	5	4,000
17	7月12日（金）	豊平区介護予防センター美園	豊平会館	2	22	24	40	5	4,000
18	7月31日（水）	手稲区新発寒地区社協	新発寒地区センター	8	26	34	40	6	4,000
19	9月1日（日）	白石区勤医協札幌病院	勤医協札幌病院	4	8	12	20	5	5,000

	日 程	依頼主・主催者・連絡先	会 場	男	女	合計	定員	サポーター数	収入（円）
20	9月3日（火）	中央区介護予防センター大通公園	東本願寺札幌別院3階	1	13	14	14	3	2,000
21	9月5日（木）	南老人福祉センター	南老人福祉センター	1	23	24	30	5	3,500
22	9月5日（木）	手稲区介護予防センター中央・鉄北	山口団地会館	1	11	12	15	3	2,000
23	9月16日（月）	夢トピア星置町内会連合会	夢トピアコスモプラザ	3	18	21	20	4	4,000
24	9月17日（火）	豊平区介護予防センター月寒	月寒東会館	2	18	20	30	6	4,000
25	9月19日（木）	豊平区介護予防センター美園	美園会館	2	24	26	40	6	4,000
26	9月20日（金）	手稲区前田福祉のまち推進センター	前田会館	2	15	17	20	4	4,000
27	10月3日（木）	南区デーサービスあゆみ	デーサービスあゆみ内	3	4	7	10	5	2,000
28	10月10日（木）	手稲区新発寒福祉のまち推進センター	新発寒地区センター	0	15	15	30	4	4,000
29	10月16日（水）	中央区介護予防センター北1条	苗穂会館	0	12	12	25	5	4,000
30	10月26日（土）	白石まちづくりハウス	ＪＲ白石駅自由通路	5	27	32	50	4	4,400
31	10月29日（火）	手稲区介護予防センター中央・鉄北	曙第7町内会館	5	9	14	15	3	2,000
32	10月29日（火）	白石区介護予防センター川下	北都地区会館	0	17	17	25	4	4,000
33	10月31日（木）	朝日町内会老人会（朝寿会）	朝日朝陽会館	10	21	31	30	4	4,000
34	11月1日（金）	白石地区社協	白石区体育館	26	46	72	100	15	20,000
35	11月1日（金）	北区介護予防センター百合が原	麻生地区会館2階	2	27	29	40	7	6,000
36	11月13日（水）	手稲区稲南自治会女性部	団地集会室	2	21	23	20	4	0
37	11月26日（火）	白石区介護予防センター川下	東川下記念会館	0	17	17	30	3	4,000
38	11月27日（水）	豊平区介護予防センター月寒	生涯学習センター	0	22	22	25	5	4,000
39	11月29日（金）	北・東区新琴似サロンライラック	新琴似西会館	4	25	29	30	6	7,000

	日程	依頼主・主催者・連絡先	会場	男	女	合計	定員	サポーター数	収入（円）
40	12月2日（月）	北区拓北・あいの里地区センター	あいの里地区センター	0	17	17	20	8	4,000
41	12月9日（月）	北区拓北・あいの里地区センター	あいの里地区センター	0	16	16	20	5	4,000
42	12月16日（月）	北区拓北・あいの里地区センター	あいの里地区センター	0	16	16	20	7	4,000
43	12月11日（水）	白石区介護予防センター川下	川北会館	2	7	9	15	2	2,000
44	12月12日（木）	手稲区前田福祉のまち推進センター	前田会館	2	26	28	20	5	4,000
45	12月24日（火）	中央区介護予防センター大通公園	光明寺	0	12	12	15	3	2,000
46	1月10日（金）	手稲区介護予防センター中央・鉄北	千代ヶ丘西集会室	1	10	11	15	3	2,000
47	2月1日（土）	札幌聴覚障害者協会	札幌聴覚障害者センター	2	8	10	10	4	7,184
48	2月6日（木）	南老人福祉センター	南老人福祉センター	4	23	27	30	5	3,500
49	2月10日（月）	手稲区新発寒地区社協	新発寒地区センター	3	10	13	30	5	4,000
50	2月12日（水）	北区介護予防センター屯田	屯田創成の里記念会館	9	29	38	40	6	6,000
51	2月18日（火）	東区勤医協ふしこ在宅総合センター	ふしこの杜2階食堂	コロナで中止					
52	2月22日（土）	北区介護予防センター屯田	屯田地区センター	4	26	30	25	5	6,000
53	2月27日（木）	手稲区介護予防センター前田	前田中央会館	コロナで中止					
54	2月28日（金）	豊平区介護予防センター月寒	月寒五区会館	コロナで中止					
55	3月5日（木）	手稲区前田福祉のまち推進センター	前田会館	コロナで中止					
56	3月16日（月）	豊平区介護予防センター月寒	月寒東会館	コロナで中止					
57	3月17日（火）	西区西町一東寿会（老人クラブ）	西町会館	コロナで中止					
58	3月18日（水）	南区介護予防センターまこまない	藻岩下地区会館	コロナで中止					
			合計	142	909	1,051	1,327	240	205,584

めています。これを指導するために活動する札幌支部のふまねっとサポーターの人数は合計一三六人です。

札幌支部の運営方法は、使用する「ふまねっと」の数に応じて指導料を決める方式です。札幌支部が定めている指導料は、ふまねっと一枚につき二〇〇〇円です。ふまねっと運動は、一枚につき参加者は一〇名と定められていますので、そうなると一人当たりの受講料はおよそ二〇〇円となります。

札幌支部では、この他に出張するためにかかる移動の交通費は請求していません。これでは、協力する三名から五名のふまねっとサポーターが、札幌市内を移動する公共交通機関の運賃だけで指導料収入を使い果たしてしまい、赤字になってしまいます。とても厳しい経営状況ですが、このような中で札幌支部の活動が行われています。

札幌支部は、指導を担当したサポーターには交通費を実費で支給することにしていますが、すべてが支払われているわけではありません。地下鉄やバスなどを利用すると一日で往復一〇〇〇円程度がかかります。そのような場合に支給されます。近距離の場合は、支給されません。この他に、指導者に対する謝金はまったく支払われていません。すべて、完全なボランティアで運営されています。

この札幌支部は、出張教室の他に、常設されたふまねっと教室を運営しています。その半分は、札幌市の「老人福祉センター」と呼ばれる公共機関から依頼された教室です。老人福祉センターは、高齢者の健康増進やレクリエーションのために札幌市が設置したもので

【表15】 ふまねっと札幌支部の定期開催教室一覧（2019年度）

No.	区名	場所・会場名	住所	実施日時	参加費
1	北	北老人福祉センター	北区北39条西5丁目3-5	第1・第3火曜日 10:30〜12:00	無料
2	北	篠路コミュニティセンター	北区篠路3条8丁目11-1	第4水曜日 10:00〜12:00	無料
4	北	北23条木曜教室	北区北23条西4丁目	毎週木曜日 13:00〜14:30	月1,500円
5	北	北23条金曜教室	北区北23条西4丁目	毎週金曜日 10:00〜11:30	月1,500円
6	東	東老人福祉センター	東区北41条東14丁目1-1	第1・第3・第4水曜日 10:00〜11:30	無料
7	東	勤医協共同ビル1階	東区東苗穂5条1丁目8-3	第2水曜日　10:00〜11:30	無料
8	東	栄新和町内会館	北区北48条東10丁目3-8	第3木曜日 10:30〜12:00	無料
9	中央	中央区民センター	中央区南2条西10丁目	第2火曜日 10:00〜11:00	無料
10	中央	東地区連合会館	中央区南2条東6丁目	第2・4土曜日 13:00〜14:00	無料
11	中央	シャルム北4条	中央区北4条東2丁目7-1	毎週木曜日 14:00〜16:00	1回100円
12	中央	市立病院ふまねっと教室	中央区北11条西13丁目	第2金曜日 10:00〜11:30	無料
13	西	西老人福祉センター	西区二十四軒4条3丁目	第2・第4金曜日 10:00〜11:30	無料
14	西	勤医協札幌西区病院3階大会議室	西区二十四軒4条3丁目	第1・第2・第3水曜日 10:00〜11:30	1回100円
15	西	西野中央会館	西区西野3条8丁目6-5	第2・第4金曜日 13:30〜15:00	夏：月300円 冬：月500円
16	西	西区民センター	西区琴似2条7丁目	第3水曜日 13:30〜15:00	1回200円
17	西	西老人福祉センター	西区二十四軒2－4	第2・第4金曜日 10：00〜11：30	無料
18	西	琴似会館	西区琴似4－1	第1金・第4水・第4木曜日 10：00〜11：30	1回200円

No.	区名	場所・会場名	住所	実施日時	参加費
19	西	西区民センター	西区琴似2条7丁目	第1・第3水曜日 10：00～11：30	1回200円
20	西	昭和会館	西区西野6条3丁目14-16	第2・第4火曜日 10：00～11：30	1回100円
21	手稲	手稲老人福祉センター	手稲区中の島2条3丁目8-1	第4水曜日 13：00～14：30	無料
22	手稲	手稲中央会館	手稲区手稲本中央2条2丁目4-25	第1・第3水曜日 10：00～11：30	夏600円 冬700円
23	豊平	豊平老人福祉センター	豊平区中の島2条3丁目8-1	第4水曜日 13:30～15:00	無料
24	豊平	札幌希望の丘教会西岡会堂	豊平区西岡4条5丁目1-3	不定期	要問合せ
25	豊平	緑町内会館	豊平区西岡5条3丁目	第3木曜日 10:00～12:00	1回200円
26	豊平	にしおか会館	豊平区西岡4条5丁目	第2火曜日 13:30～15:00	無料
27	豊平	西岡福住地区センター	豊平区西岡4条9丁目	第3水曜日 13:30～15:00	無料
28	南	まこまる（旧真駒内緑小学校）	南区真駒内幸町2丁目2-2	月1回土曜日（不定期）13:00～15:00	無料
29	南	五輪団地集会室	南区真駒内	第4水曜日 13:00～14:30	無料
30	厚別	木場コミュニティハウス	厚別区厚別中央4条4丁目1-21	第4月曜日 13:00～15:00	1回200円
31	白石	白石老人福祉センター	白石区栄通6丁目19-20	第4火曜日 13:00～14:30	無料
32	白石	ふまねっと研修センター	白石区栄通19丁目2－7	第2・第4木曜日 10:00～12: 00	1回200円
33	清田	コスモテラス地下	清田区平岡4条2丁目11-11	第2･第4水曜日 10:00～12:00	1回200円
34	清田	ＮＰＯ法人ワーカーズ・ぽっけ	清田区清田1条2丁目2-2	第1木曜日 10:30～12:00	1回200円

す。札幌市内の一〇区に設置されている老人福祉センターのほとんどが札幌支部に常設の教室を依頼しています。

例えば、北区にある北老人福祉センターでは、曜日や時間が異なる三教室が、それぞれ毎月二回開催されています。したがって合計六回のふまねっと教室が毎月開催されていることになります。この教室には毎回四〇名近くの参加者が集まります【表15】。

◆社会福祉協議会が支援する十勝ワインの池田町方式

支部の他に、社会福祉協議会（社協）が組織的にふまねっとサポーターの活動を支援している例があります。その中でも住民が最も長く活動をしている例に、北海道十勝（とかち）地方の池田（いけだ）町の「ふまねっとサポーターズ池田」があります。

二〇〇六年（平成一八年）一一月に、ふまねっと運動のうわさを聞いた池田町の連合町内会の役員が、池田町社会福祉協議会の職員とともに、ふまねっと運動が行われている釧路市の北海道教育大学釧路校に視察に訪れました。両市は車でおよそ一時間半（九〇キロメートル）程度離れています。池田町の連合町内会の役員は、釧路市の高齢者が楽しそうにふまねっと運動を指導している教室を見学します。そしてこれを池田町でも導入しようということになりました。

二〇〇七年（平成一九年）の二月、池田町保健センターで、池田町民を対象にふまねっと体験会が行われ、同年三月に第一回の池田町ふまねっとサポーター講習会が開催されました。ここで、約四〇人の初代「ふまねっとサポーターズ池田」が誕生します。この時から、池田町社会福祉協議会は、池田町内にある一三町内会に、定期的なふまねっと教室の開催を打診し、そこへふまねっとサポーターズ池田のメンバーを派遣する事業を開始することになりました。

これを受けて、各町内会では二〇〇七年から町内会館や公民館を利用して毎月二回、ふまねっと健康教室を行うことを決めました。町内の一三町内会が毎月二回開催するということは、池田町内では毎月二六回のふまねっと教室がいずれかの町内で開催されていることになります。これをふまねっとサポーターズ池田の皆さんが、班を作って出張して指導を担当することになりました。

二〇一一年(平成二三年)には、連合町内会の役員が中心となってふまねっとサポーターズ池田が取り組んだ教室は年間で三一二回になりました。そして、この教室に参加した町民は、延べ三六〇〇人になりました。当時の池田町の人口はおよそ七〇〇〇人です。

この事業を開始した当時のふまねっとサポーターズ池田の平均年齢は六六歳でした。

社会福祉協議会は、このふまねっとサポーターズ池田の活動をうらから支援します。町の広報にふまねっと教室の案内を掲載し、各町内会の会場の確保、教室が行われている会場に職員を同席させて、血圧などのチェックと参加者の出席チェックを行います。また、池田町役場からの連絡事項を伝えます。つまり、ふまねっと健康教室が、池田町役場の保健活動や役場からの案内を伝えるタウンミーティングの役割をはたすことになったのです。

ふまねっとサポーターズ池田は、活動を始めた当初から、毎週一回の自主練習会を行いました。この自主的な活動を呼びかけ、指導技術を高めるための中心的な役割を果たしたのは、池田町出身で小中学校の校長を務めた長内喜四三（おさないきよみ）さんでした。各町内で開催されるふまねっと教室の準備のための練習、指導技術の向上、効果の改善のために自主練習会を呼びかけたのです。

◆教室受講料収入が年間二〇〇万円の釧路方式

以上の四例は、ＮＰＯ法人ふまねっとや地元の社会福祉協議会から活動資金の支援を受けています。しかし、ふまねっとサポーターの九割にはこうした支援はありません。自分が所属している町内会・老人クラブ・その他の地域団体から一部の助成を得ている例はありますが、それはわずかです。ほとんどのふまねっとサポーターは、ボランティア活動を自分たちの負担で自主的に行っています。

その中に一つ、収入が多い団体があります。それは、「ふまねっと９４６（くしろ）」という団体です。この例は高齢者の自主的な活動がどれくらい大きなパワーとなるかを知る手がかりになります。

ふまねっと９４６は、ふまねっと運動の発祥地である北海道教育大学釧路校の周辺住民が組織する団体です。ふまねっとサポーターの第一期生が設立しました。ふまねっと９４６のメンバーは、北海道教育大学が二〇〇五年（平成一七年）度から二〇一三年（平成二五年）度まで行っていた公開講座である「ふまねっと健康教室」に、もともと参加者として通っていた地域住民です。

ふまねっと９４６は、北海道教育大学釧路校の近所に住む小林友幸さんが代表を務めています。小林さんは、北海道教育大学の周辺の地域住民として大学の行事に協力をしているボランティアのお一人でした。二〇〇五年六月に行われた第一回ふまねっとサポーター講習会で第一期生のふまねっとサポーターになり、その後、釧路市内のふまねっとサポーターといっしょにふまねっと９４６を設立しました。

ふまねっと９４６は、約二〇名ほどのメンバーで組織されています。そして釧路市周辺の十数カ所で定期的な健康教室を開催しています。二〇一八年（平成三〇年）に行われた年間の教室回数は四一四回で、教室に参加した参加者総数は六〇九八人でした。そして、その年の健康教室の年間総収入は一九三万五〇〇〇円でした。この年間の参加者総数と総収入をもとに計算すると、ふまねっと教室の参加者は、一人当たり一回の教室の参加料として三五二円を自己負担していることになります。

ふまねっと９４６は、自ら運営する「主催教室」と外部団体から委託を受けて行う「委託教室」の二つを行っています。主催教室では毎週一回、毎月四回の教室を開きます。そして、参加者には一カ月一二〇〇円の月謝をお願いしています。つまり、釧路市民には、ふまねっと教室は一回三〇〇円が受講料の相場なのです。

例えば釧路市城山（しろやま）の城山会館という公民館で開かれている教室は、二二人の参加者が通ってくるので、一二〇〇円×二二人で毎月二万六四〇〇円の収入になります。年間ではその一二カ月分の三一万六八〇〇円です。

この城山会館は、会場料は一回二時間で約三〇〇〇円かかります。ふまねっと９４６は、この会場使用料を自分たちで支払って教室を運営してきました。しかし、二〇一七年（平成二九年）度から釧路市がこのふまねっと教室を総合型事業Bと認定したことで、会場料が市から補助されることになりました。これは、ふまねっと946の活動支援につながります。ふまねっと946は、このような主催教室をほかに四カ所行っています。

もう一方の委託教室では、釧路市発祥の地といわれる米町という地域にある民間の高齢者福祉事業者から、毎週一回の教室を頼まれていて、年間合計四八回を二八万八〇〇〇円で行っています。一回あたり六〇〇〇円です。この教室には、毎回平均で二四人、年間一一五二人の地域住民高齢者が参加しています。一人当たり一回二五〇円の教室参加料になります。

ふまねっと946は、団体規約を持ち、毎年、会計報告を行っています。その会計報告を見ると、二〇一八年度は、以上のような主催教室と委託教室、その他の事業収入を合わせて、年間二六四万三九九〇円の収入がありました。そして、この中から健康教室を担当したふまねっとサポーターには一回一二〇〇円、市外の移動に車を提供したサポーターには一回五〇〇〇円を支払っています。事業支出の総額は二〇一八年度は年間一七三万一五六円でした。

ふまねっと946のメンバーが二〇人ですから、平均で一人当たり年間約八万六〇〇〇円の収入になります。これくらいあれば、ボランティア活動の交通費・教材費・通信費・次年度の年会費などを補うことができます。

ふまねっと946は、ふまねっとサポーターが有料で教室を行うことに成功しているモデルケースです。これが可能になったのは、そのルーツが北海道教育大学釧路校の公開講座にあったからです。

北海道教育大学釧路校では、地域住民向けの生涯学習事業として公開講座を開講していました。その講座の一つとして、二〇〇五年（平成一七年）からふまねっと健康教室を開催しました。文科省は、公開講座は七時間あたり三〇〇〇円の授業料を徴収しなければならないという規定を定めていました。この規定があったため、ふまねっと教室が有料になり、これがその後の釧路市内のふまねっと教室の基準になりました。公開講座の基準に従えば一回あたり四二八円になります。

当時、この公開講座には多い時で七〇人近くの住民が受講しました。大学で行われたという信用・ブランド効果も加わり、釧路市内ではふまねっと運動ははじめから有料でスタートすることができたのです。

ふまねっと946の例は特殊な例ですが、今後あらたに始めようとする地域においては参考になります。ハードルは高くても最初から有料で始めることを目標とすること。それによって、一つのブランドを作ることができます。また、それは結果的に、現在の釧路市の高齢者の活動を経済的に支援する結果につながったと思います。

ところで、この釧路の例で重要となる実績は、一回四二八円の品質・ブランドと信用を、高齢者指導者のふまねっとサポーターの力だけで維持し続けているという事実です。その成果として、ふまねっと946のサポーターは、一六年経過するボランティア活動がまだイキイキと順調に継続しています。釧路市役所も、NPO法人ふまねっとの本部も、ふまねっと946には支援をしていません。高齢者の自立した活躍の一例になるといえます。釧路市内には、このようなふまねっと教室を行うふまねっとサポーターの任意団体が他にも二団体あります。

◆東日本大震災被災地の女川町方式

二〇一一年（平成二三年）三月一一日の東日本大震災があった被災地で、被災した高齢者がふまねっとサポーターになり、一〇年経過した現在は、復興に向けてまちづくりに取り組んでいる地域があります。石巻市（いしのまき）や女川町（おながわ）、東松島市（ひがしまつしま）です。仮設住宅と復興住宅、その周辺地域で、現在二〇〇人を超えるふまねっとサポーターがサロン活動を行っています。その中から女川町の「ふまちゃんず」の例を紹介します。

「ＮＰＯ法人地域健康づくり支援会ワンツースリー（当時）」は、大震災があった直後から、札幌市の「さぽーとほっと基金」と呼ばれる助成金を申請し、岩手県・宮城県・福島県の被災地支援に参加しました。事業の目的は、「被災者を対象とした健康づくり指導者養成事業」です。当時から、被災者の力を生かし、被災者の力で取り組める活動を定着しようとしてきたのです【写真20】。

震災直後は、私たちの活動に対する被災地の市町村の反応は厳しく冷ややかでした。大震災の直後ですからそれは当たり前のことです。そんな中で石巻市の高齢者福祉事業者であるぱんぷきん介護センターがふまねっと運動に関心を持ちました。

【写真20】 2019年12月に石巻(いしのまき)市広渕(ひろぶち)地区で行われたふまねっとサロン。震災後に復興住宅に移住した被災者（新住民）と、元から広渕地区に住んでいる住民（旧住民）が自然に交流する。

同社は、経営しているデイサービスやグループホームの利用者を対象にふまねっと運動を行って一定の効果の手応えや感触を得ます。そして私たちといっしょに女川町の仮設住宅で被災者にふまねっと運動を紹介したのです。

大震災の二年後の二〇一三年、札幌市のさぽーとほっと基金を使って女川町の仮設住宅の集会所で、その仮設住宅に住む被災者を集めてふまねっと運動の体験会を行いました。そこで私たちは、被災した高齢者を前に「ふまねっとサポーターになって仮設住宅や避難所にいる他の被災者をさそって健康教室をやりましょう」と呼びかけました。

「それは、歩行改善や認知症の予防といった効果だけではなく、孤立予防・うつ予防・まちづくりになります。

【写真21】 女川(おながわ)駅前に新しくできた「まちなか交流館」で行われている教室。両脇で指導しているのがふまちゃんず。復興住宅に住む町民が15人程度参加している。

また、仮設住宅や復興住宅のコミュニティーづくりになります。これは、かならず将来の復興の力になります」と説明しました。

この時、私たちの活動を力強くサポートしてくれたのは、ぱんぷきん介護センターでした。ぱんぷきん介護センターは、大震災で多くの被害を受けました。その被害の回復に取り組みながら、私たちが提案する住民主体の健康づくりの人材養成事業に協力してくれたのです。

同社は、女川町の仮設住宅の一部で福祉事業を行っていましたので、被災者とは常にいっしょに生活していました。そこで被災者の中でボランティアができそうな人に声をかけ、ふまねっとサポーターを養成したのです。

それから七年が経過した現在、初代の

【写真22】 2019年12月18日、女川町の「ふれあい交流館」のふまねっと教室の後で、報告書を作成しているふまちゃんず。次回の教室の準備もすませる。

ふまねっとサポーターは「ふまちゃんず」という名前で活動を続けています【写真21】【写真22】。二〇一八年(平成三〇年)の女川町役場のホームページには、第七期高齢者福祉計画が掲載されました。その計画書の表紙のトップには、「ふまちゃんず」が指導している「ふまねっと教室」の写真が掲載されています【写真23】。

その第七期高齢者福祉計画の中で、「ふまねっとは、あみのようなネットを使って、足の運動と脳トレーニングを行う事業であり、各地区の集会場で実施しました。二〇一六年度は実施箇所数を拡大し、計八カ所で延べ四六回実施し、延べ三五八人の参加がありました」と報告されています。そして、女川町では「これらの活動に、高齢者の四人に三人が参加している計算になり、多くの方が参加していることがわかります」と評価されています。

「ふまちゃんず」の活動は、被災者の交流を目的としたボランティア活動を越えて、現在では女川町が行う公式の「介護予防事業」として採用されています。これは、ぱんぷきん介護センターが女川町から受託した事業を、ふまちゃんずの高齢者ふまねっとサポーターを使って行っている事業です。

被災した高齢者は、ふまねっとサポーターになって、同社のいわば職員の一員として、女川町の介護予防事業の指導者を担当しているのです。ぱんぷきん介護センターは、この高齢者のふまねっとサポーターに賃金を支払っています。つまり、ふまねっと運動は、被災地の女川町で高齢な被災者を、町の復興のために活躍する戦力とすることに成功したと言えます。

【表16】 女川町で活動する「ふまちゃんず」の年齢（2021年1月現在）

名前（イニシャル）	性別	年齢
UN	女性	80
EM	女性	78
EK	女性	76
HS	女性	69
HK	女性	65
AH	女性	69
	平均年齢	72.8

ふまちゃんずの平均年齢は七二・八歳で、最高齢は八〇歳です【表16】。現在、その活動範囲がますます広くなり、女川町から船で二時間かかる離島の出島まで毎週一回、出前教室に通っています。

この女川町の「ふまちゃんず」の例は、民間の高齢者福祉事業者であるぱんぷきん介護センターが地域貢献事業として、被災地の高齢者を対象にふまねっとサポーター養成事業を始めた

女川町

高齢者福祉計画　第8次

介護保険事業計画　第7期

町民が支え合い
誰もが生涯いきいきと暮らせるまち
おながわ

【写真23】 女川町の高齢者福祉計画の表紙に写真入りで紹介されたふまねっと運動（左端の写真）

ところに評価すべき点があります。高齢者福祉事業者は高齢者の介護予防が主目的です。そこで、地域の健常高齢者を対象に健康づくり・閉じこもり予防・介護予防・認知症予防活動につながるふまねっと運動を導入することは本来事業の趣旨と一致しています。今回、一介護事業者であるぱんぷきん介護センターが高齢者のふまねっとサポーター養成を行った結果、ふまねっとサポーターになった高齢者は社会参加の機会を得ることができ、また地域の介護予防教室の数を増やし、居場所をつくり、閉じこもりの防止につながっているのです。

石巻市・東松島市・女川町の三市町において、ふまねっとサポーターは、二〇二〇年現在で二〇〇人ほどが活動しています。東日本大震災後一〇年を迎える今日、課題は復興住宅に移り住んできた新住民とその地に元から住んでいた旧住民とで、ともに復興に向けたあらたなコミュニティーを築いていくことにあります。

石巻市の中心部の広渕（ひろぶち）地区には復興住宅が建てられました。この復興住宅には、被災した住民が広い範囲から移住して入居しています。この広渕地区では、もともと石巻ロイヤル病院がサロン活動に開放していたスペースでふまねっと教室が行われていました。しかし、それは旧住民が中心で、移住してきた新住民は参加してませんでした。

NPO法人ふまねっとは、復興庁の「心の復興事業」の助成を受けて、二〇一九年（平成三一年／令和元年）にふまねっと運動で復興住宅のサロン活動を始める事業を行いました。その事業の中で、二〇一九年一一月からこの地区の広渕小学校の横に隣接する公民館でふまねっと教室が始まりました。そこに、古くからいた旧住民とあらたに移住してきた復興住宅の新住民が昔からの仲間のように集まるようになりました【写真20】（一四一ページ）。

◆生活保護受給者の自立を支えたふまねっとハウス方式

ふまねっと運動の目的は、社会的弱者の力となり、高齢者の自信を高め、その自立を支援することです。その中には、生活保護受給者（以下、受給者）も含まれています。これまでNPO法人ふまねっとでは、市役所と連携して八人の生活保護受給者をふまねっとサポーターとして養成し、地域の健康づくり活動にいっしょに取り組む活動を支援しました。

この事業に先立って二〇一四年(平成二六年)に、独立行政法人福祉医療機構(通称WAM)の助成金を申請し、受給者を健康づくりの指導者として養成する試験的な事業を行いました。札幌医科大学医学部公衆衛生学講座(当時)の森満教授に委員長への就任をお願いし、「生活困窮者の健康づくり指導者養成実行委員会」を設立しました。そして、委員に釧路市役所の福祉事務所の都嶋和英所長、生活困窮者支援を行っていた釧路市社会的企業創造協議会の相原真樹事務局長、一般財団法人長寿社会開発センターの企画振興部の薬師寺清幸部長に委員への就任をお願いしました。

この事業では、札幌市の市営地下鉄南北線北18条(きたじょう)駅の出口と釧路市浦見(うらみ)町に一戸建てを借りて「ふまねっとハウス」という名前の専用施設を開設しました【写真24】。そこで毎日ふまねっと教室を開催し、健康づくり・仲間づくり・歩行改善・認知症予防につながるという健康づくり事業を開始しました。そして、この「ふまねっとハウス」で指導する人材として受給者の力を借りることにしたのです。

ふまねっとハウスでは、九〇分のふまねっと教室を午前一回、午後一回で、毎日二回実施しました。合計すると、毎月約四〇回の教室を行うことになります。そこに、地域の高齢者を集めてふまねっと運動を行うことにしました。参加する高齢者は月謝として三〇〇〇円を払います。そうすると毎月、何回でも教室に参加することができます。

【写真24】 2016年９月20日、札幌市営地下鉄「北18条駅」の出口に開設されたふまねっとハウス。毎日、午前、午後に２回のふまねっと教室を開催した。ハーフサイズのふまねっとで練習している。

ふまねっとハウスは一戸建の住居ですから広い部屋はありません。そこで六畳程度の部屋でもできるように、半分サイズの「ふまねっとハーフ（一・五メートル×二メートル）」を使用した新しいプログラムを考案しました。半分サイズのふまねっとでも、歩行機能が低い人から健常者まで、幅広いプログラムができました。

ここに札幌市と釧路市に在籍しているふまねっとサポーターが毎日通ってきて、あたらしいふまねっと運動のステップを指導して、交代しながらふまねっと教室を運営したのです。

このふまねっとハウスの活動に参加した受給者は、この教室の中で明るく朗らかに変わり、大きな戦力として活躍しました。はじめはふまねっと教室の生徒として参加します。そこで他の参加者である高齢者や、ふまねっとを指導するサポーターである高齢者に混じってふまねっとの練習をいっしょにします。そしてステップが少しずつ上手になり、自信をつけます。

ステップの練習を通じて身体を動かしながら、失敗したり忘れたりします。まわりにいる高齢者は、そこにいる人をだれかれかまわず遠慮なく接します。上手にできたらほめ、やっとできるようになったらいっしょによろこんでハイタッチをします。

認知症の人もいます。杖歩行の人もいます。この仲間の応援をしているうちに、だんだん緊張や警戒心がほぐれていきます。そして、自分も自然と教室の手伝いをするようになり、気がつけばふまねっとサポーターになっています。

二〇一五年(平成二七年)から二〇一九年(平成三一年/令和元年)まで八人の受給者がふまねっとサポーターになり、ふまねっとハウスの健康教室で活躍しました。二〇二一年(令和三年)現在も、活動は継続しています。

このふまねっとハウス方式は、今後のわが国の健康づくり・まちづくりにとても有効なプログラムであると考えられます。なぜなら①高齢者の活躍するフィールドを作り出すことができる、②空家の有効活用につながる、③受給者の健康や自立支援につながる、④これらがすべて高齢者にふまねっと運動を提供する「資源」となる——からです。

◆市町村と住民が協働ですすめる上富良野町方式

旭川市から車で六〇分ほど南へ、帯広市方面に向かったところに上富良野町(かみふらの)があります。上富良野町は、住民の積極的なボランティア活動がきっかけとなり、町役場がこれをあと追いで支援を始め、ふまねっと教室が公式な介護予防教室となった一例です。住民主体の模範的な事例です。

上富良野町は、人口約一万人です。「健康づくり推進の町」宣言を行う町で、健康づくりにはとても熱心です。特に健康診断や特定健診の受診率が高いことでは全国でもトップクラスです。保健師さんたちは健診の受診率を上げることや、町民に対する健診結果の詳しいフィードバックにとても熱心に取り組んでいます。

この上富良野町に、ボランティア活動に長年熱心に取り組んでいた羽賀美代子さんという住民がいます。羽賀さんは、二〇一〇年(平成二二年)に北海道社会福祉協議会が行った「生きがいづくりクリエイター養成講座」に参加した時に、同じ受講者で釧路市から参加した人からふまねっとの話を聞きました。

その翌年、二〇一一年の五月二〇日に上富良野町から車で二時間程度かかる幕別町(まくべつ)を訪ね、「まっくねっと」という名前のサークルの活動に参加して、はじめて実際にふまねっと運動の体験をしました。そこでふまねっと運動の楽しさを知り、すぐに資格を取得するために二〇一一

【写真25】 2019年８月６日に行われた上富良野(かみふらの)町の住吉住民会のふまねっと教室。毎月２～４回行われている。町内会館に毎回20人ほどの住民が集まる。住民会の中のふまねっとサポーターが準備をして交代しながら指導を担当する。

年(平成二四年)五月二八日に開かれた旭川市のふまねっとサポーター養成講習会を受講したそうです。

当時、羽賀さんは、高齢者人口が増えている状況下で何かしなければいけないと感じていて、地域サロンに取り組んでいましたが、それぞれの地域でやっている福祉活動のマンネリ化に悩んでいたそうです。そんな時にふまねっと運動を体験したので、地域住民が主体的に運動に取り組めるところが気に入り、始めるきっかけになったと言います【写真25】。

その後、羽賀さんは、ふまねっとサポーター一期生三名で「上富良野ふまねっとクラブ」を設立し、上富良野町の住民会(いわゆる町内会)と呼ばれている自治組織を対象に、各町内会館など

【表17】 2018年度の上富良野ふまねっとクラブの年間教室開催実績

	事業名（教室開催場所）	回数	参加数	サポーター数
1	東明ひまわりの会	22	246	44
2	宮町平輪会	24	348	69
3	旭ふまねっとクラブ	20	238	60
4	旭新あずまさわやか会	12	127	24
5	泉栄コアラ会	11	137	36
6	住吉住民会	12	244	24
7	清富住民会	4	78	10
8	宅老所たんぽぽの会	12	114	35
9	大町住民会	12	198	33
10	西富住民会	2	118	8
11	南町住民会	3	81	7
12	草分老友会	8	107	55
13	草分ふまねっとサポーター	9		42
合計		151回	2,036人	447人

【表18】 2018年度の上富良野町ふまねっとクラブの年間収支報告書

収入の部			
科目	予算額	決算額	備考
繰越金	31,942	31,942	前年度繰越金
会費	65,000	72,000	1,000円×72名
謝礼金	10,000	15,000	西富住民会（4,000円）、丘町わかば会（1,000円）、芽室ふまクラブ（5,000円）、杉山豊子さん（5,000円）
雑収入	0	0	
合計	106,942	118,942	
支出の部			
科目	予算額	決算額	備考
会議費	15,000	15,200	役員会、総会（賞品代、お茶、コーヒー）
研修費	20,000	13,195	視察研修費（士幌町）
事業費	15,000	10,000	ＮＰＯ法人総会参加助成（5名分）千歳市
交通費	25,000	14,800	ふまねっと教室支援（サポーター12名×42回）、300円×31回、500円×11回
事務費	15,000	20,440	事務費、コピー代、インク代
消耗品費	5,000	0	
予備費	11,942	0	
合計	106,942	73,635	
総収入118,942円ー総支出73,635円＝45,307円／2019年に繰越			

を使ってふまねっと教室を始めました。上富良野町には住民会が二五あります。二〇一八年（平成三〇年）には、そのうちの一三町内会で定期的にふまねっと教室が行われることになりました。

上富良野町の「ふまねっとクラブ」は、ふまねっと教室の「指導者」であるふまねっとサポーターと、このふまねっと教室に通ってくる「参加者」がいっしょになって設立され、運営している団体です。二〇一八年度は七五名のクラブの会員が集まりました。会員は年間一〇〇〇円の年会費を払います。これで七万五〇〇〇円の年間予算が集まります。これを財源として健康教室のボランティア活動が行われます。お金は町内の公共施設を使用する時の会場費借用料にあてられます。

二〇一八年一月時点の上富良野町の要介護認定率は一三・六パーセントで、北海道一七九市町村の中では上位三番目に低い町です。羽賀さんたちの「上富良野ふまねっとクラブ」の熱心な活動は、この上富良野町民の要介護認定率の抑制に大きく貢献していると考えられます。

町内の各住民会で多いところは毎週一回、少ないところでも毎月一回のふまねっと教室が開かれています。二〇一八年度は、その活動回数は年間一五一回です。この教室に参加した住民は、延べ二〇三六人。そして、この教室を指導したサポーターは延べ四四七人。つまり、年間で合計延べ二四八三人の高齢者が参加する健康づくり活動が、上富良野町の住民の身近な地域で歩いて通える場所で行われていることになります【表17】。

その他に毎月二回、年間合計二四回の定例会と呼ばれるふまねっと教室が町の中心部にある「上富良野町保健福祉総合センターかみん」で開催されています。ここにはふまねっとクラブの

【写真26】 2019年８月７日、上富良野町保健福祉総合センターかみんで行われたふまねっとサポーターの自主練習会でステップを間違えたところ。

会員が全員集合します。毎回四〇人から六〇人が集まっていっしょにふまねっと運動を行っています。二〇一八年度は年間で一〇七〇人の参加者と一二〇人のサポーターが集まりました。

上富良野町のふまねっとサポーターはこの他に毎月一回の自主練習を行っています【写真26】。この自主練習で基本に沿った指導の練習をみんなで共有して行います。これは毎月第一日曜日の午後と決められています。二〇一八年には合計一一回行われ、そこで延べ一七九人のふまねっとサポーターが自主的に参加して指導法の練習をしました。

住民が主体的に活動した結果、これだけの活動が年間一二万円足らずの予算で実現したのです【表18】。

上富良野町役場は、この実績を評価し、

二〇一六年度から、ふまねっとクラブが町の施設を使用して行うふまねっと教室は、公共施設等の会場使用料を免除することにしました。また、二〇二〇年(令和二年)年度からは、上富良野町保健福祉総合センターかみんで行うふまねっと教室を、毎月二回から毎月四回(毎週一回)に増やし、その活動に補助金を出すことを決めました。羽賀さんが上富良野でふまねっとを始めてからおよそ一〇年かかって、上富良野町役場が支援することを決めたのです。

◆富良野市の地域包括支援センター方式

富良野市(ふらの)では、二〇一三年(平成二五年)に富良野市地域包括支援センターが中心となって、ふまねっと運動を取り入れた人材養成事業を始めました。これは近隣の上富良野町の活動を見た富良野市の住民が市役所にふまねっと運動を推薦したことがきっかけです。

富良野市の西部に「ふらの西病院」があります。この「ふらの西病院」では地域貢献に熱心に取り組んでいました。休診日の日曜日を利用して、職員が地域住民を対象に健康づくりのノルディックウォーキング教室を行っていました。ところが、ノルディックウォーキングは天候に左右されます。そのためせっかく集まっても、天候が悪い日はノルディックウォーキングができません。そこで雨の日のために何か別のプログラムがないかと探していたところ、お隣の上富良野町で住民が行っているふまねっと運動を知ることになりました。

ふらの西病院の理学療法士の奈良仁さんが、ノルディックウォーキングのリーダーの南部栄一さんと、札幌市の認定ＮＰＯ法人ふまねっとの事務所まできて講習会を受講して、ふまねっと運動の指導資格を取得しました。

それから富良野市の地域住民を対象に、ふらの西病院の外来患者の待合室の空きスペースを利用してふまねっと運動を始めます。これがきっかけで富良野市民の間に少しずつふまねっとサポーターが増えていきました。

富良野市のふまねっとサポーターは、「上富良野にすごいふまねっとサポーターがいる」と聞いて、前出の羽賀美代子さんを訪ね、練習会に参加して指導を受けました。また、羽賀美代子さんも富良野市だけでなく、南富良野町、中富良野町、美瑛町と、周辺の市町村を積極的に回り、ふまねっと運動の紹介に尽力しました。上川地区のふまねっと運動は、上富良野町から始まって、住民の口コミでどんどん広がっていったのです。

この市民の熱心な活動を見た、富良野市地域包括支援センターは、二〇一三年（平成二五年）に富良野市で「ふまねっとサポーター講習会」を開催することを計画します。この時、保健師の澤田奈苗さんから依頼を受けた私は、まず講演会を開いて富良野市民に「ふまねっと運動とは何か」を知ってもらうことを提案しました。そしてその講演会の席上で、「ふまねっとサポーター養成講習会」の受講者を募集することにしました。

澤田さんは、このアドバイスに従って二〇一三年の一〇月に富良野市の保健センターで講演会を開催しました。

富良野市では、ふまねっとサポーターをあらたに養成するにあたり、資格を取るための講習会の受講料を市が補助するかどうかで最後まで迷っていました。しかし、講演会を担当する私は、七〇〇〇円全額を住民に自己負担してもらうようすすめました。なぜなら、すでに富良野市内には自己負担でサポーター資格を取得していた住民が一〇人くらいいたからです。

もし富良野市が受講料を補助してしまうと、富良野市内には受講料を自分で払って受講したサポーターと、富良野市の補助で受講したサポーターの二通りが存在することになり、その後の活動がやりにくくなります。また、ふまねっとサポーターは、毎年NPO法人ふまねっとの年会費三〇〇〇円も払わなければなりません。これらを、富良野市が支払うのかどうかも判断が問われていたのです。

私は、それらはすべて住民が自己負担するのが望ましいと言いました。しかし、澤田さんは、「受講料の七〇〇〇円は高い。それでは、ふまねっとサポーターになる市民は集まらない」と心配していました。私は「たしかに七〇〇〇円は高い。でも、講演会に参加した人の五パーセントは、サポーターになると思う」と伝えました。

私はまた、受講料を市町村役場が負担するとその後、活動が長く続かないという先例が多いことを紹介しました。それで、これまで全国の市町村はこのようなやり方をして何度も失敗しているのです。

私は、講演会に集まった一般市民八〇人に対して、ふまねっと運動を教える楽しさやボランティア活動の意義を話しました。そして、「資格」は自分の成長のための力になるのだからその「受講料」は自己負担するのが当たり前と説明しました。

【写真27】 2017年４月20日、「ふまねっと・ふらの」の定期総会で挨拶する能登芳昭富良野市長。正面左から２番目が初代リーダーの松田尚美さん。

講演会の一カ月後に予定していた「ふまねっとサポーター養成講習会」には三九人の富良野市民が受講料を自分で支払って受講しました。最終的に講演会に参加した八〇人の市民の約五〇パーセントが参加したことになります。予想を一〇倍上回りました。この時の受講者の平均年齢は六〇・五歳です。最高齢は七五歳でした。

その結果、新旧合わせて富良野市内のふまねっとサポーターは六〇人に増えました。そして、富良野市地域包括支援センターでは、このふまねっとサポーターの皆さんに集まってもらって、市内で行う介護予防教室の指導者として協力してくれる人を募集することにしたのです。

富良野市地域包括支援センターでは、広い富良野市の中で、離れた地域でも介護予防教室が開かれるようになることをとてもよろこんでいました。そして、この活動を行うためにふまねっとサポーターの活動組織として「ふまねっと・ふらの」という団体を作りました。

この「ふまねっと・ふらの」の運営方式は、市町村が今後ふまねっと運動を介護予防プログラムとして導入する場合の一つのモデルとなると思います。「ふまねっと・ふらの」は、「ふまねっとサポーター」の資格を持つ市民で組織されていますが、事務機能を富良野市地域包括支援センターに置いています。そのため、ふまねっと教室を開設する場所の確保・日時・回数などの計画を、この地域包括支援センターが作成することができます。そして、そのスケジュールをふまねっとサポーターの皆さんに提案して指導者のシフトを組むことができます。

一方で、教室の参加者も地域包括支援センターが各地域の町内会・老人クラブ・民生委員などを通じて募集します。こうして市内の全域にわたって歩いて通える場所にふまねっと教室を開設することが可能となるのです。

二〇一三年（平成二五年）一一月の講習会で誕生した富良野市の第一期生のふまねっとサポーターは、二〇一四年（平成二六年）四月からの公式な介護予防教室にデビューするために、二〇一三年一二月から毎月二回を目標に保健センターで自主練習会を開いて、健康教室の指導法をトレーニングしました。初代リーダーをふらの西病院の松田尚美さんが務めることになりました。そこに、地域包括支援センターの保健師もいっしょになって参加しました【写真27】。ふまねっとサポーター用のテキスト『仲間と歩む健康づくり』をもとに、全員で同じセリフを使った共同歩調が始まったのです【写真28】。

【写真28】 2017年４月20日、ふまねっとふらのの総会の後に行われた実技研修会の様子。富良野市保健センターで、サポーターが全員そろって練習をしている。基本を全員で確認して共有することが大切。

その後、この富良野市のふまねっとサポーターの皆さんはどうなったでしょうか。三年後の二〇一六年（平成二八年）度に行われた活動をふまねっと・ふらのの定期総会の報告書から振り返ってみたいと思います。

まず、自主練習があります。この年に保健センターで、年間二四回の自主練習会が行われました【写真28】。参加したサポーターは合計延べ三六四人です。こうしてしっかり練習を積んだふまねっとサポーターは、富良野市内の七つの公共施設である南コミュニティセンター・山部支所・東部児童センター・東山支所・西地区コミュニティセンター・桂木児童センター・東春地区コミュニティセンターで行われる定期的な介護予防教室の指導者として

【表19】 2016年度のふまねっと・ふらの会場別年間参加者延べ人数　（人）

会場	参加者	サポーター	回数
南コミュニティセンター	441	135	24
山部支所	118	90	12
東部児童センター	128	77	11
東春地区コミュニティセンター	159	90	10
東山支所	109	23	12
西地区コミュニティセンター・桂木児童センター	477	208	24
合計	1,432	623	93

※7会場別の参加者延べ人数には、依頼教室で実施した人数は含まない

参加しています。二〇一六年度は一年間で九三回行われ、合計延べ一四三二人の住民が参加し、これを延べ六二三人のサポーターが指導しました【表19】。

ふまねっとサポーターはこの他に市内の各団体から依頼を受けて出張教室を行っています。依頼主は「東山老人クラブ」「北の峰サロンボランティア」「東春連合町内会」「瑞穂サロン」「東小四年生と独居高齢者の集い」「JA婦人会」「市議会議員研修会」「寿大学」などです。これが年間一九団体、合計延べ三三回にのぼり、参加者は延べ六三二人、指導したサポーターは延べ二四六人でした。

以上が三年後の「ふまねっと・ふらの」の活動実績です。三年間で、大きな実績を残せるように成長したことがわかります。

地域包括支援センターが作成した「ふまねっと・ふらの」の報告書によると、「ふまねっと・ふらの」が行う介護予防教室に参加した富良野市民の実人数は二七四人です。このうち、八四・三パーセントが女性でした。年齢別に見ると、六〇歳未満は三人（一・〇パーセント）、六〇歳代は五一人（一八・六パー

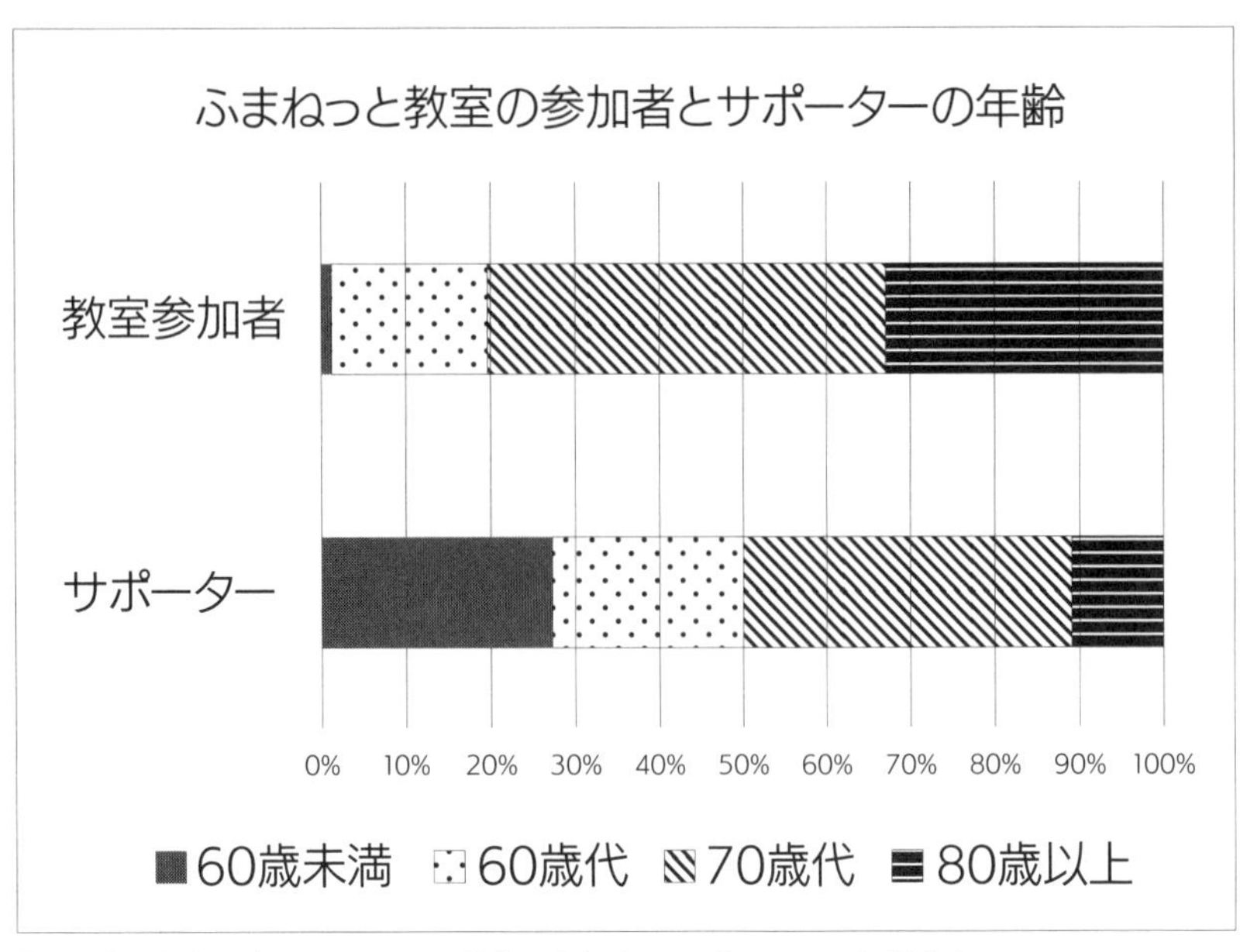

【図10】 富良野市のふまねっと教室の参加者とサポーターの年齢分布。

【表20】 2016年度のふまねっと・ふらの収支決算報告

収入の部　(円)

費目	予算	決算	備考
交付金	550,000	550,000	富良野市より
雑収入	0	0	
合計	550,000	550,000	

支出の部

費目	予算	決算	備考
活動旅費	324,000	240,600	教室活動1回300円、802人回分
役務費	16,000	81,428	ボランティア保険、郵送代
研修費	100,000	13,608	講師謝礼
会議費	10,000	0	
需用費	100,000	110,756	
合計	550,000	446,392	

※残金は、富良野市に返還のため、翌年度への繰越は0円

セント）、七〇歳代は一三〇人（四七・四パーセント）、八〇歳代は八八人（三二・一パーセント）、九〇歳代は二人（〇・七パーセント）です。

そして、この介護予防教室を指導するふまねっとサポーターの皆さんも、高齢者であることを忘れてはいけません。【図10】は、「ふまねっと・ふらの」の年齢内訳を示しています。およそ七〇パーセント以上が高齢者であることになります。ふまねっと運動を導入することによって、教室の参加者と指導者の両方で高齢者の社会参加の支援を行うことができるのです。

富良野市地域包括支援センターでは、ふまねっと健康教室に指導者として参加したサポーターには市内の移動などの交通費として三〇〇円を支払います。サポーターに支払われるのはそれだけで、指導料や謝金はありません。サポーターの多くは市内の各会場を自家用車で移動しますので、この金額はちょうどガソリン代程度にあたります。これらの収支を示す決算書が【表20】です。そして、この支払いや会計事務を担当するのが地域包括支援センターの役割です。この方式は、ボランティアを中心とするふまねっとサポーターにとって活動しやすい方式です。

第五章
住民主体の健康づくりで市町村が果たすべき役割

◆ポピュレーションアプローチの効果

これまで、ふまねっと運動が住民の主体的な健康づくり活動を生み出すこと、それが北海道から全国に少しずつ広がったことを紹介してきました。最終章では、このふまねっと運動を利用した住民活動を取り入れるために、市町村がどのような役割を果たすべきかについて考えてみたいと思います。

ふまねっと運動は、一人で黙々と取り組むジョギングや筋トレとは異なり、町内会や老人クラブ・教会・お寺などを通じて地域に広がり、仲間といっしょになって楽しく行う運動です。そこに新しい仲間が加わり、活動の輪が広がっていく運動です。ここには従来の健康づくりに見られたような市町村からの介入は必要ありません。

こうしたふまねっと運動のような健康づくり活動は「ポピュレーションアプローチ」と呼ばれます。比較的新しい健康づくりの方法です。「ポピュレーションアプローチ」は、健康な人も病気のリスクが高い人も、地域社会全体でみんないっしょに取り組む方法です。活動組織などをつくり、目標に向かって互いに協力する方法です。これはまちづくりにつながる効果があります。

ふまねっと運動には、健康な人も、がんや糖尿病の人も、障がいのある人も、要介護認定を受けている人も、生活保護受給者も、会社の社長も、大学の教授も、病院の院長も、市町村長や議員も、幼児や小学生も、役場の課長や保健師さんも誰でも同じ資格で参加しています。そして、参加した人の中から次の指導者が出てきて、新しいふまねっとサポーターが誕生し、自分の好きな時間、好きな場所で、仲の良い友達や新しい仲間のために教室を増やしていきます。これが「ポピュレーションアプローチ」です。

健康づくりの方法には、この他に「ハイリスクアプローチ」という方法があります。こちらは、病気になる「リスクが高い人」をターゲットにする方法です。例えば、健康診断の結果から糖尿病になるリスクが高いと診断された人には、特定健診や運動をすすめて早期にリスクを低減しようとする方法です。私たち日本人にはおなじみの方法です。

この「ハイリスクアプローチ」ではあまり健康づくりの効果が出ないため、近年、厚労省や専門家は、医療費や介護費の増加を抑えるための手段として、「ポピュレーションアプローチ」に注目するようになりました。しかし、この「ポピュレーションアプローチ」は実践例が少なく、今のところ効果がはっきりしていません。

そこで私たちは、二〇一八年から一九年の二年間にわたり、市町村で行われているふまねっと運動の効果を調査しました。調査は二年間にわたり、北海道千歳リハビリテーション大学の森満学長が研究代表者となり、文部科学省科学研究費の助成を得て行われました。

調査したのは、ふまねっと運動が盛んな池田町、上富良野町、様似(さまに)町、士幌町、弟子屈町、浜中町・比布町・由仁町の八市町村です。これらの市町村では、ふまねっと運動に参加する人口が多いと推測できます。

対象は、この八市町村に在住する七五歳から七九歳までの高齢者の全住民です。一回目の調査は、二〇一八年の一〇月に行われました。三一五五人を対象に調査を依頼したところ、二一八三人(六九・二パーセント)から回答が得られました。翌年、この二一八三人を対象に二回目の調査が行われました。この間に死亡した二五人と転出した六〇人をのぞいた結果、一九五六人(九三・三パーセント)から回答が得られました。この二回とも調査に回答した一九五六人の中で、二回とも「ふまねっと運動に参加した」と回答した人は四四五人で、全体の二二・七パーセントにあたりました。

調査項目は、ふまねっと運動への「参加の有無」と、厚労省が作成した「基本チェックリスト」と呼ばれる質問表です。この「基本チェックリスト」は、介護が必要かどうかのリスクを確かめるために全国の市町村で使用されているものと同じです。

調査の結果、「ふまねっと運動に参加した」と回答した人は、「ふまねっと運動に参加しない」と回答した人と比べて、「基本チェックリスト」の中のいくつかの項目で、悪化をしめす回答の割合が低いことがわかりました【図11】。

例えば、二〇一八年の調査では、男性の場合「ふまねっと運動に参加した人」は「ふまねっと運動に参加しない人」に比べて、「日常生活動作」の悪化を示す回答の割合が三六パーセント少なく、「認知機能」では四二パーセント少ないことがわかりました。

女性の場合は、二〇一八年の調査で「ふまねっと運動に参加した人」は「ふまねっと運動に参加しない人」に比べて、「日常生活動作」の悪化をしめす回答の割合が四八パーセント少なく、「閉じこもり」では五八パーセント、「抑うつ」では三四パーセント少ないことがわかりました。これらの違いは、年齢・性別・喫煙・その他の運動への参加の有無など、結果に影響する要因を考慮に入れて分析した上で統計的に有意な差であることがわかりました。

また、二年間の調査結果を分析したところ、ふまねっと運動への参加は、「日常生活動作」「認知機能」「閉じこもり」「抑うつ」の四項目に対して、悪化を示す回答の割合を低くする傾向が示されました。一方、この他の項目である「運動器の機能」「栄養」「口腔機能」では、「ふまねっと運動に参加した人」と「ふまねっと運動に参加しない人」の間には、統計的に有意な差は見られ

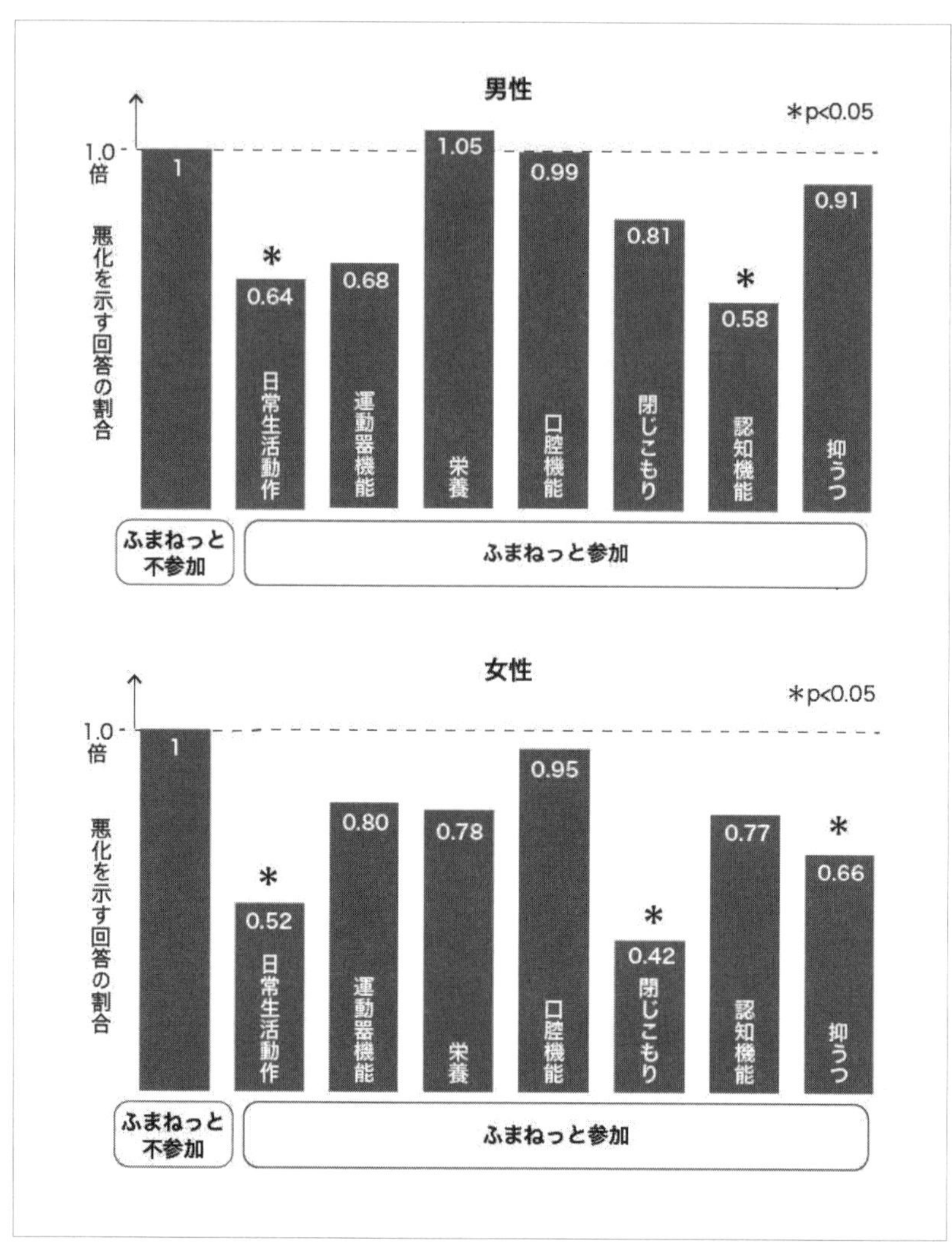

【図11】 介護予防の「基本チェックリスト」の質問に悪化を示す回答の割合（M. Mori, 2021）。北海道内の8市町村に在住の75歳から79歳までの1,956人から得られた2018年の調査結果をもとに、ふまねっと運動に「参加した人」と「参加しない人」の回答を断面的に比較したグラフ。＊印は、統計学的に有意な差（危険率$p<0.05$）が認められた項目。「日常生活関連動作」は「バスや電車で1人で外出していますか」、「運動器の機能」は「階段を手すりや壁を伝わらずに昇っていますか」、「栄養」は「6カ月間で2〜3kg以上の体重減少がありましたか」、「口腔機能」は「半年前に比べて固いものが食べにくくなりましたか」、「閉じこもり」は「週に1回以上は外出していますか」、「認知機能」は「周りの人からいつも同じ事を聞くなどのもの忘れがあると言われますか」、「抑うつ」は「（ここ2週間）毎日の生活に充実感がない」などの質問に答える。

ませんでした(Mori M., et al., *Journal of Gerontology & Geriatric Research*, 2021)。

この調査結果から、八市町村で行われているふまねっと運動には、一部の介護予防の効果があることが示唆されたと言えます。そして、十分でないとはいえ、これはポピュレーションアプローチですすめられているふまねっと運動の効果を現していると考えられます。

そして、さらにふまねっと運動には、これらの効果を高めていく余地が残されています。それは、住民と市町村が連携することの効果です。今回対象とした八市町村のふまねっと運動は、すべて地域住民が、市町村自治体をたよらずに、完全なボランティアで自発的に行った教室です。ふまねっと教室の場所も回数も日程も人数も住民が自主的に決めた活動でした。したがって、ふまねっと運動に参加した回数・内容・運動量には計画性や統一制がありません。毎週一回以上続けて参加した人もいれば、一カ月に数回、年間に数回程度の人も含まれています。

もしこの活動を、市町村の保健師や地域包括支援センターと連携して、今後さらに計画的にすすめることができれば、よりたしかで大きな効果をより多くの人に提供できるのではないかと考えられます。これは、市町村がふまねっと運動を導入する根拠になるでしょう。

ふまねっと運動のポピュレーションアプローチで注目すべきことは、これらの結果を出したのが理学療法士などの専門家ではなく、一般地域住民の高齢者自身であったという点です。高齢化・過疎化に直面している市町村が、これからふまねっと運動を始めようとする場合には、これはとても心強い結果です。

◆ふまねっと運動の導入に必要な情報

最後に、市町村でこのふまねっと運動を導入するために必要なことをまとめてみます。まず次の項目を検討します。

①市町村内の何カ所で介護予防教室を開催したらいいのか。
②そこで介護予防教室を何回開催したらいいのか。
③そのために指導者である「ふまねっとサポーター」を何人養成したらいいのか。

これらの情報は、導入計画をたてる段階で必要です。次に、導入した後で必要となる情報があります。

④養成した指導者「ふまねっとサポーター」を、どうやって市町村が管理するのか。
⑤介護予防教室を担当する「ふまねっとサポーター」には、指導料をいくら払えばいいのか。
⑥これらの年間の介護予防教室の活動全体に関わる費用はいくらになるのか。

これは、予算を立てるために必要です。そこで、本章ではこれらの具体的なアドバイスをしたいと思います。

この章では、地域の健康と高齢者福祉の責任を持つ市町村が、介護予防や健康づくりの効果をいっそう高めるために、そして住民主体の健康づくりを成功させるために、ふまねっと運動をどのように利用したらいいのか、これまでの実践活動から得られた成功するための確実な情

【表24】 市町村のふまねっと教室導入シミュレーション表

条件	1教室あたり参加者定員（人）	20
	教室会場必要面積（㎡）	60
A	人口（人）	10,000
B	高齢化率（%）	30
C	高齢者人口（人）	3,000
D	予防対象者割合（%）	10
E	予防対象者数（人）	300
F	健康教室定員（人）	20
G	毎週健康教室必要回数（カ所）	15
H	健康教室1回あたり指導者定員（人）	3
I	毎週必要指導者数（人）	45
J	毎週指導者1人あたり教室担当回数（回／週）	1
K	毎週必要指導者数（人／週）	45
L	年間教室実施週数（週）	48
M	年間教室実施合計回数（回）G×L	720
N	年間合計教室参加者数（人）	14,400
O	年間合計教室指導者数（人）	2,160
P	指導者謝金（円／回）	1,000
Q	教室謝金年額（円）	2,160,000
R	教室教科書代（円／回／人）	200
S	年間教科書代（円）	2,880,000
T	年間教室経費総額（円）	5,040,000
U	参加者1人あたり経費（円／回）T／N＋O	304
V	年間指導者教室回数（回）	48
W	年間指導者平均収入（円）	48,000
X	指導者研修受講料（円）	10,000
Y	指導者資格更新年会費（円）	3,000
Z	年間指導者平均利益（円）	35,000

報を提供したいと思います【表24】。

◆ふまねっと運動の「通いの場」導入シミュレーション

現在、政府は「通いの場」と呼ばれる活動を増やす政策をすすめています。「通いの場」は、住民主体ですすめられる介護予防や健康づくりを意味しています。この政策とふまねっと運動のめざすところは同じです。ふまねっと運動がめざす「高齢者が指導者となって地域で自主的に取り組むふまねっと健康教室」は、「住民主体の介護予防活動を求める通いの場」の一つのモデルといえます。この「通いの場」の方針に従って高齢者が指導するふまねっと健康教室の「場所」と「回数」をシミュレーションしてみます。

人口一万人の市町村を例にあげましょう。高齢化率が三〇パーセントであったとしたら、高齢者人口は三〇〇〇人になります。

このうち、介護予防が必要と思われる人の割合を、仮に全高齢者の一〇パーセントとして三〇〇人と想定します。この人数は便宜的なものでいつでも増減可能です。要介護認定は受けていないが介護予防に参加することが望ましい高齢者の推定人数です。市町村の高齢者福祉計画で介護予防を提供する高齢者の推定値です。

これは、現在全国で行われている「通いの場」に参加している数より大きい数字です。厚労省の調査によると、二〇一八年(平成三〇年)度の全国の「通いの場」に参加している高齢者の割合

【写真29】 2017年8月21日、余市町のふまねっと教室が始まる第1回目の説明で、測定を行う前に、「倫理的配慮」の説明とインフォームドコンセントを行っているところ。

は六五歳以上の高齢者人口の五・七パーセントです（「令和元年十二月十三日一般介護予防事業等の推進方策に関する検討会取りまとめ」）。

厚労省は、この数値を七パーセント程度まで高めたいという目標を立てています。この数値を参考にして、私たちのふまねっと運動の導入計画では一〇パーセントの高齢者を受け入れられるような体制を目標としましょう。すると三〇〇人となります。

ではこの三〇〇人の高齢者を対象に、どれくらいの数の健康教室を開設したらいいのでしょうか【写真29】。

第二章で紹介したように、ふまねっと運動は、平均年齢七六・四歳の健常高齢者が毎週一回の参加で認知機能が六・八パーセント、歩行機能が一一・五パーセント改善した効果が得られています。

そこで、これを目安として三〇〇人の高齢者に対して「ふまねっと教室」を毎週一回参加できるだけの数を提供することを目標にします。すると、定員二〇名の教室ならば毎週一五回開催すると定員が三〇〇人となります。

では、この一五回の教室を実現するためにはふまねっと健康教室のための「場所」と「指導者」をどれくらい確保すればいいでしょうか。

教える「場所」を探すことは難しくはありません。ふまねっと健康教室は、定員が二〇名の場合、ふまねっとが二枚必要となります。その必要面積は六〇平方メートル（たたみ約三六畳）です。これは二〇～三〇人程度の会議室の広さです。

この程度の場所は、身近に見つけることができます。体育館でなくてもかまいません。例えば公民館の会議室・商業施設・病院の外来患者待合室・自動車の展示ショールーム・ドラッグストアの広い店内・駅前の空き店舗・マンションの共用スペース・市役所のロビーなどが利用できます。もちろん、これは民間商業施設や事業者との連携を前提とした場合です。

定員二〇名のふまねっと教室を毎週一五回実施するとしたら、住民が歩いて通える場所を選んで市内に五カ所から一〇カ所の教室を設置します。そして各カ所で教室を毎週一～二回実施して、合計週一五回にする。住民の身近な場所で開設するほど、参加率は高くなります。また、自分が参加するのに都合がよい時間にあるふまねっと教室を見つけやすくなります。

教える「指導者」を確保することも容易です。定員二〇名のふまねっと教室の場合、一教室に指導者が（熟練した場合）三名いれば安全に指導できます【写真30】。すると一週間に一五回の教室を

【写真30】 2017年８月22日に行われた、余市町委託のふまねっと教室の第１回目、参加者はふまねっと運動の経験がある。少し緊張している様子。両側で指導しているのはふまねっとサポーター。

開催するためには合計四五人の指導者が必要になります。これは高齢者人口の三〇〇〇人の約一・五パーセントにあたります。

この人数は、過去の私たちの経験から見て実現可能な数字です。また実際には四五人の指導者がそろわなくても、実現は可能です。なぜなら一人の指導者が何回も健康教室を担当することが可能だからです。例えば、ここですべての指導者が一週間に二回のふまねっと教室を担当するとしたら、必要となる指導者の数は半分の二二・五人で足りることになります。

したがって全高齢者人口の一・五パーセント、四五人の指導者が集まれば、それで「指導者」は間にあいます。万が一それに満たない場合でも、一人

【写真31】 2018年２月22日、東村山市萩山いきいき元気アップ教室の最終回。参加者同士の交流がすすむ。ステップができた時のハイタッチでサポーターと参加者のうれしそうな様子。

の指導者が参加するボランティア活動の回数を増やすことで必要となる指導者の数を満たすことができます【写真31】。

過去一五年間に私たちが行ってきた市町村のふまねっと運動の実績を振り返った場合、高齢者人口の一・五パーセントを指導者として養成するという目標は難しい数字ではありません。これから紹介する過去の例はそれを上回っています。

ふまねっと運動の指導者である「ふまねっとサポーター」を養成する際には、第三章で紹介したように、まず「ふまねっと講演会」に参加してもらって、高齢者の住民にふまねっと運動の効果や目的と社会参加の意義を理解してもらいます。そして、その後にふまねっとサポーター養成講習会を計画して、指導者になる高齢者を募集するという方法をとります。

二〇一三年（平成二五年）に富良野市で行われた「ふまねっと講演会」には、八〇人の市民が参加しました。そして、この一カ月後に行われた「ふまねっとサポーター養成講習会」には、三九名の市民が指導者になるために参加しました。つまり講演会に参加した高齢者の約五〇パーセントが指導者になったことになります。この時の参加者は受講料七〇〇〇円をすべて自己負担して参加しました。

これらの過去の実績から見て、高齢者全体の一・五パーセントを指導者として養成することは、二年程度の時間をかけてすすめていけば十分達成可能な目標であると考えられます。そして、この市町村が行う住民の人材養成事業を確実に成功させるようにサポートするのが認定NPO法人ふまねっとの役割です。

◆ふまねっと運動による市町村のサポート事業の費用対効果

高齢者を「ふまねっとサポーター」に養成する講習会は、認定NPO法人ふまねっとが行います。全国の市町村が対象です。二〇二〇年（令和二年）現在、NPO法人の正会員である「ふまねっとサポーター」は、四七都道府県のすべてに在住しています。この正会員が全国の市町村の依頼に対応します。

講習会や講演会などの対面で行う事業の講師は、札幌市から全国に派遣されます。二〇二〇年のコロナ禍により、オンライン会議が普及したため、事前の研修や打ち合わせから簡単な実技指導までオンラインでできるので、全国の市町村との連携事業が容易になりました。

市町村がふまねっと運動を導入するにあたり検討しなければならないことは数多くあります。

まず、事業計画や予算を立てるためには、介護予防事業の対象となる高齢者の人数、養成する指導者の人数、介護予防教室（ふまねっと健康教室）の回数、場所を決めなければなりません。これはシミュレーション表を参考にして、およその目標数字を推定してください。

先にシミュレーションした人口一万人、高齢化率三〇パーセントの例では、ふまねっと教室は、市町村内の一五カ所の教室を毎週一回、年間各教室四八回、年間合計七二〇回になります。定員通りの参加者が集まれば年間の合計参加者は一万四四〇〇人です。これに必要な指導者ふまねっとサポーターは延べ合計二一六〇人となります。

そして、指導者として地域の健康づくり・仲間づくりに参加したふまねっとサポーターの皆さんには、一回あたり各地の一時間分の最低賃金（一〇〇〇円と仮定）を支払います。そして、毎回のふまねっと教室では、参加者の対象別にプログラムを選択できる「教室テキスト」を使用します。この「教室テキスト」は参加者一人につき、一回一冊二〇〇円です。このテキストを用いることによって、参加者の能力に応じて難易度や運動量を調節したステップを適切に選択することができます。また、参加した人の名前やステップの成績と効果を記録することができます。

これらの合計により年間にかかる費用は、指導料が二一六万円、教室テキスト代が二八八万

【写真32】 2018年3月23日、できた！ とよろこぶ、うれしそうな参加者。岩見沢(いわみざわ)市の「駒ネット」のふまねっと教室。

円、合わせて五〇四万円になります。

そこで最後に、このふまねっと健康教室を利用した介護予防教室プログラムの費用対効果を計算してみましょう。費用は合計五〇四万円で一万四四〇〇人の参加者と二一六〇人の指導者が成果です。一年間で合計一万六五六〇人の「高齢者」が参加できる介護予防教室を提供できることがわかります。つまり一人当たり一回三〇四円です。

このふまねっと健康教室を毎週一回、年間を通じて継続することによって、歩行が改善し、認知機能を改善させることができます。また、教室を通じて仲間が増え、居場所が増え、交流が増えることで、うつや閉じこもりを防ぐことができます【写真32】。

これによって、対象とした三〇〇人の

高齢者の一〇パーセントの三〇人の要介護認定を防ぐことができたと仮定しましょう。この場合、どの程度の財政上の効果があるのでしょうか。

厚労省が作成した「平成二十九年度介護給付費等実態調査の概況」によれば、介護保険受給者の一人当たりの受給額の平均は月額一七万六〇〇円です。つまり、要介護認定を受けた高齢者には、毎月、介護保険から平均でこの金額が支出されることを意味しています。また、本人はその一割を負担することになります。

もし、ふまねっと運動に参加した高齢者の一〇パーセントの三〇人を要介護認定から予防したとすれば、三〇人×一七万六〇〇円×一二カ月でおよそ六一四一万六〇〇〇円の支出を削減することにつながります。ふまねっと健康教室は、この一〇分の一の費用で開設することができます。したがって、この「ふまねっとサポーター養成事業」は、費用対効果に優れた事業だと考えることができます。

また「ふまねっとサポーター養成事業」の意義は、費用対効果だけではなく、高齢者を健康づくりの指導者に養成したうえで「賃金を払う」ことにあります。これはふまねっと運動の開発目的であり、また最終的なゴールです。そして、これが高齢化・過疎化のまちを救うための解決策です。

ふまねっと運動によって、高齢者の能力を高め、自信を高め、意欲を高め、社会に貢献する活動を引き出すことができます。そして、高齢者に敬意をはらうことができるのです。その結果、介護予防の効果を上げるだけではなく、仲間づくりやまちづくりへつながります。

以上のシミュレーションを参考に、各市町村は、それぞれの規模に応じて健康教室の定員、健康教室の場所と数、健康教室の年間回数、そして養成する指導者の目標数を決めます。初年度は、高齢者人口の五パーセントを定員として目標を設定します。そして、はじめは指導者の養成に専念してから、数年をかけてこの数を増やして地域を広げて教室の回数を増やしていくことができます。そして、これと平行して要介護認定率の変化や健康寿命の延伸に与える効果を評価していくことが必要です。

◆住民活動の支援とボランティアマネージメント

ふまねっと教室を担当するふまねっとサポーターは、賃金で働く労働者や職員ではありません。交通費や教材費・通信費など、活動に必要な経費を自費で補いながら、ボランティアで社会貢献に参加している善良な市民です。時給に換算したら最低賃金をはるかに下回る金額で、市町村のため、自分が暮らす地域のため、仲間のために力と時間を提供してくれている方々です。

この方々を気持ちよく、満足度を高く維持して活動してもらうために必要なのが「ボランティアマネージメント」です【写真33】。

このボランティアマネージメントは、とても難しい仕事です。ボランティアは、おもしろくなければやめる。活動の目的や意義が見えなければやめる。また、いつやめても、ボランティア

【写真33】 2018年3月7日、みんな、どこも、かしこも、うれしそうにしている。岩見沢市の「駒ネット」のふまねっと教室。

自身は困らない。やめても失うものは何もない――ここにボランティアの強みがあります。

そのため、ふまねっと教室を継続するためには、ふまねっとサポーターがボランティア活動に気持ちよく参加してもらうにはどうしたらいいのか」ということについて、絶えず納得のいく答えを出し続けていかなければなりません。これが、ボランティアマネージメントに求められます【写真34】。

認定NPO法人ふまねっとには、このボランティアマネージメントに「失敗」してきた長年の経験があります。そして、この経験をもとに作成した「ふまねっとサポーターマネージメント」というノウハウを持っています。これをもとに、各地域でふまねっとサポー

【写真34】 2018年３月７日、女性は、間違えずにステップができた。それを見た、となりの男性がよろこんでいる。ほめてあげている。とてもうれしそうな男性参加者の様子。岩見沢市「駒ネット」のふまねっと教室。

ターの「活動組織」（団体・サークル・チーム）を設立し、これによってふまねっと教室の運営をすすめていくことができるようにサポートしています。

　このようなふまねっとサポーターの活動組織の支援をすることは、市町村にとって有益です。それは、市町村の「住民活動」の中核となる団体を設立することができるからです。これからの時代は、すべてを役場がになう時代ではありません。役場は、住民が参加する自主的活動をいかに「引き出すか」が問われています。しかも、それは「継続」して「安定」しなければ意味がありません。ふまねっとサポーターの活動組織を支援することで健康づくりに取り組む住民活動が定着し、成功モデルを作ることができます。

ふまねっとサポーターの活動が軌道にのれば、これがNPO法人などに成長すると期待できるでしょう。独立した財源を持ち、自立運営ができるNPO法人が増えることは、教育・福祉・環境・SDGs・防災などの幅広い分野で市町村の発展につながります。

この住民活動団体を、役場のたんなる下請けと考えてはなりません。自治体の中には、役場が行ってきた業務を低額でアウトソーシングする委託先としてNPO法人をうまく利用すると考えているところがあります。それではNPO法人の住民活動は長く続きません。役場の住民活動に対する認識の修正が必要です。

住民活動団体が増えることは、住民の自治意識の高まり、まちづくりの革新を意味しています。自治体は、これらの団体の活動を尊重し、活動を支援する時代がきています。住民主体の活動団体を地方分権の新しい原動力として、住民自治のイノベーションを生みだすきっかけにするのです。

万能な中央政府が決定し、これに地方の自治体が忠実に従うという上意下達の中央集権型政治は、国際的視野に立ってみても限界に近づいています。地方はつねに中央政府のために忠誠と服従を強いられてきました。このような明治以降の近代的な中央集権政策を脱し、新しい自治をめざすべきです。住民活動を、地方が新しいアイデアやイノベーションを生み、中央政府がその情報を配信して、地方の共同と競争につなげるきっかけとするのです。

現代は、情報・判断・スピード・実行・変化が求められています。地方で創造し、互いに新しいアイデアを発展させ、国全体を刺激して活気づけていく、住民参加型の自治システムと住民の主体性が求められています。

住民主体型の活動組織は、そのような時代の要請に応えることができます。住民主体型の活動組織は健康づくり・福祉活動・防災・防犯・学校教育の支援・生活困窮者の自立支援など、古典的なフィールドに新しい解決策をもたらすでしょう。

さらに、住民活動組織は、地球温暖化への対応、持続可能な社会への取り組みなどの新しいフィールドに、住民のイキイキとした参加と実践を広げることになるはずです。ここに、高齢者の経験と知恵を生かせば、もっと日本の社会はよくなると思います。

◆未来に向けたふまねっと運動の方針

第四章で紹介した通り、市町村がふまねっと運動を導入する方法は一つではありません。これから市町村が行う「通いの場」などの介護予防事業やまちづくりにふまねっと運動を導入するためには、高齢者や住民のふまねっとサポーターを養成する必要があります。その効果的な方法を選択するためには、目的をはっきり定めてからNPO法人ふまねっとに相談するのがいいでしょう。

NPO法人ふまねっとは、「介入」がない健康づくりを目標にしています。ふまねっと運動は、個人の自由な意志を起点として行う運動です。そのため参加者とサポーターは、ふまねっと健康教室の参加を自己決定することにしています。

その一つが、健康教室の参加者自身が傷害保険に加入するという方針です。事故や傷害に備えるための保険は、その必要を感じる参加者やサポーターが、自分自身の意志と負担で加入することにしています。

健康教室では「規約」を定めており、事故が起きても主催者である市町村や指導を担当したサポーターに過失がないかぎり責任はありません。事故が生じないように、注意して参加する義務は参加者である市民にあります。これは、従来の市町村がとってきた方針を一八〇度転換するものです。未来を先取りした方針といえます。

高齢者がボランティア活動を行う際の傷害保険料は、各市町村の社会福祉協議会で受け付けているボランティア保険があります。これは年間三五〇円程度で加入できます。

このボランティア保険の他には、公益財団法人スポーツ安全協会が行っている「スポーツ安全保険」があります。これは六五歳以上の方は年間一二〇〇円程度です。こちらの保険は損害賠償も含まれますので、認定ＮＰＯ法人ふまねっとではふまねっとサポーターの皆さんに加入をすすめています。

健康教室を始める場合には、参加者の個人情報の取得と管理についての研修が必要です。ふまねっとサポーターの研修会でこれを行うことにしています。また、参加者のプライバシーに関する情報を取り扱う時の注意も学びます。

以上の方針は、現在のふまねっとサポーターに完全に実施されているわけではありません。また、市町村の中にもふまねっと健康教室の方針とは異なる別の方針で介護予防教室を行っているところがあります。特に、傷害保険料を参加者が負担するのではなく、市町村が負担するところは多くあります。それは、市町村の方針ですから、ＮＰＯ法人ふまねっとはこれに従うようにしています。

これらの傷害保険の加入に関する方針や個人情報保護に必要な知識と行動規範は、これから、通いの場に参加するふまねっとサポーターの研修に取り入れていくべき課題です。ただし、そのタイミングが重要です。まずは、ふまねっと運動の指導が楽しくできるようになってから、いよいよ本番の健康教室を開くとなった段階で、これらを勉強するのがよいと考えています。最後に、これから始めることがあります。それは健康教室の参加者を募集する際に「インフォームドコンセント」を行うことです。参加者の責任、指導者の責任を明確にし、傷害保険の加入、個人情報やプライバシーの保護について、ルールを明確にして合意を形成しておくことで、参加者に安心してふまねっと運動に参加していただくことができます。

高齢者が指導するふまねっと健康教室は今後もゆっくり成長します。ゆっくりですが、一歩一歩、着実に前に進んでいくでしょう。

あとがき

この『ふまねっと運動のすすめ』を書き終えた直後に、本書の出版をあと押しするようなニュースを見つけました。二〇二一年四月八日発行の『介護新聞』（北海道医療新聞社）の一面トップ記事です。見出しには、「道内第八期介護保険料、一・三パーセント（七六円）増、五六九三円」と書かれています。

内容を見ると、北海道内の一五六保険者のうち、介護保険料を引き上げたのは、「三年前に比べ二八保険者少ない九一保険者で全体の六割を切った」こと、また「引き下げは一一保険者増え一九保険者に倍増したのが目立つ」とあります。つまり、これまでと比べて北海道内市町村の介護保険料の値上がり幅が「小さかった」ことが報じられているのです。過去四回の介護保険料の値上がり額を並べて見ると次のようになります。

・九年前（二〇一二年）　四期から五期　六四七円
・六年前（二〇一五年）　五期から六期　五〇三円
・三年前（二〇一八年）　六期から七期　四八三円

・今回（二〇二一年）　七期から八期　七六円

これは、ひょっとすると北海道内に広がった「ふまねっと運動」の効果なのではないか――私にはそのように思えます。

ふまねっと運動の指導者である「ふまねっとサポーター」は、北海道内の八〇パーセント以上の市町村で活躍しており、過去一五年間で延べ六八〇〇人が資格を取得しています。このうち、コロナ禍の二〇二一年現在でも活動を継続している人は二六六三人です。

このふまねっとサポーターの皆さんが、北海道内の市町村でふまねっと運動を行ってきたことが、高齢者の自立と自由を守り、介護予防に貢献し、介護保険料の引き上げ額を小さくとどめた一因となっているのではないでしょうか。

記事によれば、介護保険料を引き下げた一九保険者のうち「引き下げ額が最も大きかったのは、池田町で五五〇〇円から五一八六円へ三一四円減、弟子屈町が五八〇九円から五五〇〇円、比布町が六六〇〇円から六三〇〇円、千歳市が四九〇〇円から四六〇〇円に、それぞれ約三〇〇円引き下げた」となっています。

この、引き下げ額が大きかった池田町（高齢化率四二・八パーセント）、弟子屈町（同四〇・〇パーセント）、比布町（同四一・四パーセント）、千歳市（同二三・一パーセント）は、すべてふまねっと運動が盛んなことで有名な市町村です。千歳市以外は、二〇二〇年時点の高齢化率が、いずれも四〇パーセントを越えていますが、住民の皆さんはすでに一〇年以上、ふまねっと運動を元気に続けています。

これらの市町村で頑張ってきたふまねっとサポーターがこのニュースを知れば、「それは私たちの手柄だ！」とよろこぶことと思います。

高齢者自身が超高齢社会で手柄を立てる。そしてそれを社会が歓迎する――。

ふまねっと運動は、高齢者に、そのような成長のよろこび、社会に貢献するよろこびを提供することができるプログラムです。あなたのまちでもふまねっと運動が広がっていくことを願っています。

北澤一利

二〇二一年四月

参考文献

1 Jardim NYV, Bento-Torres NVO, Costa VO, Carvalho JPR, Pontes HTS, Tomás AM, Sosthenes MCK, Erickson KI, Bento-Torres J, and Diniz CWP "Dual-Task Exercise to Improve Cognition and Functional Capacity of Healthy Older Adults," *Front. Aging Neurosci,* 13:589299 (2021).

2 Kitazawa K., Showa S., Hiraoka A., Fushiki Y., Sakauchi H., and Mori M., "Effect of a Dual-Task Net-Step Exercise on Cognitive and Gait Function in Older Adults," *Journal of Geriatric Physical Therapy,* 38 (2015), pp.133-140.

3 Lee Na Yun, Ahn So Hyun, Yang Yeong Ae, "The Effect of Fumanet Exercise Program for Life care on Cognition Function, Depression in Dementia," *Journal of agricultural medicine and community health,* 45 (2020), pp.121-129.

4 Mori M., Kitazawa K., Showa S., Takeuchi M., Seko T., and Ogawa S., "Two-year repeated study on health effect of net-step exercise program in community-dwelling older persons," *Journal of Gerontology & Geriatric Research,* 7(2):1052 (2021), in press.

5 Mori M., Kitazawa K., Showa S., Takeuchi K., Seko T., and Ogawa S., "Health Promotion and Long-Term Care for the Elderly in Rural Areas of Hokkaido, Japan," *Health Issues and Care System for the Elderly,* 2018, pp.33-44.

6 Showa S., Kitazawa K., Takeuchi M., and Mori M., "Net-step exercise and depressive symptoms among the community-dwelling elderly in Japan," *Sapporo Medical Journal,* 84 (2015), pp.19-26.

7 Showa S., Kitazawa K., Takeuchi M., and Mori M., "Influence of volunteer-led net step exercise class on older people's self-rated health in a depopulated town: A longitudinal study," *SSM - Population Health*, 2 (2016), pp.136-140.

8 Sun Mi Lee, Jaewon Joung, and Sung Hee Shin, "Effects of Fumanet exercise on Korean older adults with mild dementia," *Japan Journal of Nursing Science*, 2020. https://doi.org/10.1111/jjns.12286.

9 Tanaka M., Wilson A.D., Kitazawa K., and Yata F., "THE FUMANET EXERCISE PROGRAM TO PREVENT AND POSTPONE DEMENTIA - A CROSS CULTURAL COMPARISON," *Innov Aging*, 1184 (2017), Published online.

10 Yokokawa Y., Miyoshi K., Nishikawa R., Nishizawa H., Cheng GA, and Kai I., "Effects of the combined task training program using square-stepping nets on walking speed of healthy elderly," *Physiotherapy*, 101 (2015), E1697-E1698.

11 山田実、村田伸、太田尾浩、村田潤「高齢者における二重課題条件下の歩行能力には注意機能が関与している」『理学療法科学』二三、四三五－四三九頁、二〇〇八年

12 横川吉晴、三好圭、西沢公美、西川良太、甲斐一郎「高齢者の歩行に対するふまねっとを用いた段階的二重課題プログラムの効果」『理学療法科学』三二、七七七－七八一頁、二〇一七年

認定ＮＰＯ法人ふまねっとから

ふまねっと運動を地域で始めるためには？

認定ＮＰＯ法人ふまねっとは、ふまねっと運動を市町村や高齢者施設を対象に、楽しく効果的に指導するための導入支援を行っています。

指導者資格には、健常者を対象に指導するための「ふまねっとサポーター」と、要介護者を指導するための「ふまねっとインストラクター」の二つがあります。

この二つの資格を取得するための講習会が全国各地で開催されています。市町村や施設を直接訪問して開催する団体講習会もあります。また、資格取得後のフォローアップ研修会をオンラインで無料で行っています。

ふまねっと運動を体験してみたい方は、「ふまねっとレギュラー」の無料貸出サービスを利用してオンライン体験会に参加されることをおすすめします。

ふまねっとサポーター講習会、インストラクター講習会の日時・場所・費用などの情報は認定ＮＰＯ法人ふまねっとのホームページ［https://www.1to3.jp/］でご確認ください。

ふまねっと運動を自宅で家族と行うには資格は不要です。誰でも、いつでも、何度でも、無料で参加できるふまねっと教室がオンラインで毎日配信されています。「おうちでふまねっと」と検索してください。

また、定期的にオンライン相談会や説明会も開催されています。

現在、各地で開催されているふまねっと教室を見学してみたい方、参加してみたい方は、認定NPO法人ふまねっと［電話〇一一－八〇七－四六六七］までお問い合わせください。

ふまねっと運動は知的財産です

ふまねっと運動は、健康づくり・仲間づくり・まちづくりの力を持つ「運動プログラム」です。また、高齢者や障がい者に、健康づくりの「指導者」という「社会的役割」を提供する「社会的課題解決プログラム」でもあります。

ふまねっと運動によって高齢者は、①歩行の改善、②認知機能の改善、という「医学的効果」を得ることができます。

また、ふまねっと運動によって全国の市町村は、③健康教室コミュニティーを作る、④高齢者の社会参加を支援する、⑤住民の交流を促進する、⑥閉じこもりを防止する、⑦サロンなどの居場所を提供する、という数多くの「社会的効果」が得られます。

さらに、ふまねっと運動を通じて、⑧高齢者の意欲の向上、⑨社会規範意識の向上、という「教育的効果」も得ることができます。

これらのふまねっと運動が持つ「医学的効果」「社会的効果」「教育的効果」は、ふまねっと運動が持つ「知的財産」です。ふまねっとサポーター・ふまねっとインストラクター、そして両者の指導を受けた健康教室の参加者や病院・施設の利用者は、このふまねっと運動の知的財産を利用することができます。

認定NPO法人ふまねっとは、この知的財産を悪用や模倣・不正使用から守り、利用者に正しく運用していただく責務を負っています。

「ふまねっと」は商標登録されています（商標登録第4926898号）。また、「ふまねっと運動」は、「用具及び用具を利用した訓練方法」についての特許を取得しています（特許第6516244号）。

本書で紹介したふまねっとサポーター用のテキスト『仲間と歩む健康づくり』のサンプルを用意しております。ご希望の方はメールで info@fumanet.org までご連絡ください。

寿郎社の近刊・既刊

精神保健福祉の実践――北海道十勝・帯広での五〇年

小栗静雄 著　「へぐり語録」編集委員会 編

精神障害者と呼ばれる人たちとともに医療・保健・福祉の領域に身を置き、精神保健福祉士（ＰＳＷ）という国家資格ができる前から精神科のソーシャルワーカーとして生きてきた「へぐりさん」こと小栗静雄が、一九七二年に体験した障害者家族による私宅監置（自宅監禁）事例、精神医療界全体に衝撃を与えた「Ｙ問題」と「札幌宣言」のことなど、仕事の原風景となった出来事をはじめとして半世紀に及ぶ「対人福祉援助の実践のあり方」を語る。「福祉」とは何か、「仕事」とは何か――について考えさせられる、いま現場で悪戦苦闘しているソーシャルワーカーとこれからソーシャルワーカーになろうとしている人たち必読の本。

【二〇二一年七月刊行予定】定価：本体二〇〇〇円＋税

北海道でがんとともに生きる

大島寿美子 編

二人に一人ががんになり、三人に一人ががんで亡くなる時代。北海道でがんを体験した二〇代から七〇代までの「ふつうの人たち」が偽りのない自身の言葉で綴ったがん体験記28編を収録。大腸がんや乳がんといった患者数の多いがんから、肉腫や悪性胸膜中皮腫など「希少がん」と呼ばれる患者数の少ないがんまで、様々ながんに向き合った時の「告知のショック」「治療のつらさ」「手術への不安」「副作用の苦しみ」「前向きに生きる秘訣」などについて知ることができる。北海道で生活している人のみならず全国各地でがんと向き合っている患者とその家族、医療関係者、さらには生きることに悩み苦しむ人すべての人に勇気と希望を与えてくれる本。

定価：本体二〇〇〇円＋税

北澤一利（きたざわ・かずとし）
1963年静岡県出身。筑波大学体育専門学群卒業、同大大学院体育学研究科健康教育学専攻修了（体育学修士）。札幌医科大学大学院公衆衛生学講座修了（医学博士）。大学ではラグビー部に所属していた。2004年、北海道教育大学教育学部釧路校准教授時代に学生とともに「ふまねっと運動」を開発。現在、認定NPO法人ふまねっと理事長。著書に『健康の日本史』（平凡社新書）、共著に『運動＋（反）成長——身体医文化論Ⅱ』（慶應義塾大学出版会）、『健康ブームを読み解く』（青弓社）、『近代日本の身体感覚』（青弓社）がある。

ふまねっと運動(うんどう)のすすめ
——認知機能(にんちきのう)を改善(かいぜん)する高齢化地域(こうれいかちいき)の健康(けんこう)づくり

発　行　2021年5月31日 初版第1刷
著　者　北澤一利
発行者　土肥寿郎
発行所　有限会社 寿郎社
〒060－0807　札幌市北区北7条西2丁目 37山京ビル
電話 011－708－8565　FAX 011－708－8566
E-mail doi@jurousha.com　URL https://www.ju-rousha.com/
郵便振替 02730-3-10602
装　幀　ハナカユイ
印刷所　モリモト印刷株式会社

＊落丁・乱丁はお取り替えいたします。
＊紙での読書が難しい方やそのような方の読書をサポートしている個人・団体の方には、必要に応じて本書のテキストデータをお送りいたしますので、発行所までご連絡ください。

ISBN978-4-909281-35-7 C0077

索引

あ

い

う

え

お

か

ま

み

む

め

も

や

ゆ

よ

り

れ

ろ